Gütersloher Taschenbücher/Siebenstern 1410

Pinchas Lapide

Er wandelte nicht auf dem Meer

Ein jüdischer Theologe liest die Evangelien

Gütersloher Verlagshaus
Gerd Mohn

Originalausgabe

CIP-Kurztitelaufnahme der Deutschen Bibliothek

Lapide, Pinchas:
Er wandelte nicht auf dem Meer: e. jüd. Theologe
liest d. Evangelien/Pinchas Lapide. – Orig.-
Ausg. – Gütersloh: Gütersloher Verlagshaus
Mohn, 1984.
(Gütersloher Taschenbücher Siebenstern; 1410)
ISBN 3-579-01410-2

NE: GT

ISBN 3-579-01410-2

Umschlaggestaltung: Dieter Rehder, Aachen
Gesamtherstellung: Mohndruck Graphische Betriebe GmbH, Gütersloh
Printed in Germany

Inhalt

Welcher Wein in welche Schläuche?

Im neunten Kapitel des Matthäus-Evangeliums finden wir ein kurzes Gleichnis Jesu, das sowohl Markus (2) als auch Lukas (5) in fast demselben Wortlaut bietet – wobei Lukas, wie so oft, die ausführlichste Fassung bringt. Da die des Matthäus zur geläufigsten geworden ist, wollen wir mit seiner Version beginnen:

»Niemand aber setzt einen Flicken ungewalkten Tuches auf ein altes Kleid, denn es reißt sein Geflicktes von dem Kleid ab, und schlimmer wird der Riß. Auch füllt man nicht neuen Wein in alte Schläuche. Sonst werden ja die Schläuche gesprengt, und der Wein wird verschüttet, und die Schläuche gehen zugrunde. Sondern man füllt neuen Wein in neue Schläuche, und beide bleiben erhalten.« (Mt 9,16–17)

Seit dem 3. Jahrhundert wird diese Passage von den Kirchenvätern fast einstimmig in dem Sinn ausgelegt, daß Jesus mit dem »neuen Wein« sich selbst und seine Verkündigung meint, während die gesamte jüdische Tradition, aber insbesondere das sogenannte »Alte Testament« und seine Glaubenswelt mit den »alten Schläuchen« verglichen würde, die sein »neuer Wein« unvermeidlich »sprengen« müsse. Kurzum: Das absolute Novum Jesu kann nicht in die veralteten Formen des Judentums hineingepreßt werden, ohne daß beide dabei Schaden nehmen. Die Schlußfolgerung liegt auf der Hand: Judentum und Christentum sind (angeblich) zwei unverträgliche Elemente – wobei natürlich das »neue« Christentum dem »alten« Judentum haushoch überlegen ist.

Diese Deutung, die in der theologischen Literatur der Großkirchen ständig wiederholt wurde und wird, hat sich derart eingebürgert, daß »neuer Wein« und »alte Schläuche« zu geflügelten Worten geworden sind, derer sich heutige Autoren auch im christlich-jüdischen Gespräch bedienen, als wären sie Ausdruck einer Selbstverständlichkeit, die keiner Beweisführung bedarf.

Und dennoch ist diese Auslegung grundfalsch und hat mit Jesu ursprünglicher Aussageintention so gut wie nichts zu tun.

Vor allem gilt es zu bedenken, daß Jesus selbst seine Lehre niemals als »neu« darstellt und schon gar nicht im Gegensatz zur Thora, deren ewige Gültigkeit und Unabschaffbarkeit er dreimal zu Anfang der Bergpredigt klarstellt, in der ganz unzweideutigen Feststellung gipfelnd:
»Wahrlich, ich sage Euch, bis Himmel und Erde vergehen, wird nicht ein Jota noch ein Tüttelchen von der Thora vergehen.« (Mt 5,18)
Ja, aber Jesus hat doch mit seinem fünfmaligen »Ich aber sage Euch« in der Bergpredigt neue Antithesen zum Thoragesetz geschaffen! Das ist doch ein moralisches Novum! So könnte man nun einwenden.
Der Landesbischof Eduard Lohse antwortet darauf in seinem Beitrag zur Festschrift für Joachim Jeremias:
»Wenn Jesus seine Worte mit dem Satz ›Ich aber sage Euch‹ der allgemein üblichen Auslegung der Gebote gegenüberstellt, so ist dieser Gebrauch durchaus demselben von den Rabbinen benutzten Ausdruck vergleichbar. Denn hier wie dort wird eine Meinung vorgetragen, die von der allgemein üblichen Auffassung abweicht.« (Göttingen 1970, S. 196)
Kurzum: »Ich aber sage Euch« ist eine formelartige Redewendung aus der rabbinischen Schuldialogik, die Auslegung gegen Auslegung setzt, um den gottgefälligsten Sinn der Schrift ringt und nicht nur *keine Neuerung* bringen, sondern ganz im Gegenteil *zurück* zum ursprünglichen, von Gott gemeinten Sinn der Thora gelangen will.

Kein neues Gebot

Dies gilt insbesondere von der Mitte der jesuanischen Lehre, der allumfassenden Liebesbotschaft, von der es unter anderem im 1. Johannesbrief heißt:

»*Kein neues* Gebot schreibe ich Euch, sondern ein *altes* Gebot, das Ihr vom Anfang an hattet. Das *alte* Gebot ist das Wort, das Ihr gehört habt ... Denn das ist die Botschaft, die Ihr vom Anfang an gehört habt, daß wir einander lieben sollen.« (I Joh 2,7 und 3,11)

Da also Jesu gesamte Schriftauslegung bemüht ist, dem ältesten und unmittelbarsten Sinn der Thora als unwiderrufliche Weisung Gottes zur Geltung zu verhelfen, wäre das Motto seiner Predigt eher »Zurück zu den Quellen«, anstelle von »Siehe, ich mache alles neu« (Apk 21,5), wie Johannes von Patmos es, zwei Generationen nach Jesus, in seiner Vision vom himmlischen Jerusalem gut apokalyptisch besagt. »Neu« war nämlich das Lieblingswort jener Apokalyptiker, die sich nach einer »neuen« Welt und einer »neuen« Schöpfung sehnten, da sie, ungleich Jesus, das Bestehende als heillos und dem Untergang geweiht abgeschrieben hatten.

Was aber nicht weniger wichtig ist als Jesu nachdrücklich gezielte *Nicht-Neuheit*, ist der lebendige Zusammenhang, aus dem sein Wort vom Wein und den Schläuchen herausgerissen wurde, um sinnentstellend umgedeutet zu werden. In allen drei synoptischen Evangelien geht es nämlich um die damals aktuelle Fastenfrage, in der Jesus seine Jünger *gegen* den Vorwurf des Nicht-Fastens verteidigt. Mit den Worten des Lukas:

»Sie aber sagten zu ihm (Jesus): Die Jünger des Johannes (des Täufers) fasten oft ... Ebenso auch die der Pharisäer. Die deinigen dagegen essen und trinken.« (Lk 5,33)

Wie wir über den Täufer aus Mt 11,18 wissen, »kam Johannes; er aß nicht und trank nicht«. Ähnlich taten es etliche der Pharisäerschüler, die »zweimal in der Woche« zu fasten pflegten (Lk 18,22), und zwar montags und donnerstags – in beiden Fällen als äußeres Zeichen der Reue und der seelischen Umkehr.

Dieses Fasten hatte jedoch keinerlei biblische Begründung und galt daher für die meisten Juden als eine unnötige *Neueinführung,* die Jesus abschätzig mit einem »neuen Flicken« und

»neuen Wein« vergleichen kann. Dies um so mehr, als wir aus der Bergpredigt wissen, daß Jesu Einstellung zur umstrittenen Fastenfrage eindeutig einer Ablehnung gleichkommt. Mehr noch: Die Perikope der Bergpredigt, die eindringlich *nur* ein verheimlichtes »Fasten im Verborgenen« (Mt 6,16–18) gutzuheißen bereit ist, bezeugt, daß Jesus, wie viele andere Juden seiner Zeit, die öffentliche, zur Schau gestellte Askese für verkappten Hochmut oder gar für heuchlerische Scheinheiligkeit hielt, die es zu bekämpfen gilt.

Das bessere Fasten

Auch in dieser Auffassung steht der Nazarener auf gut prophetischem Boden. So zum Beispiel ermahnt der Prophet Joel seine Glaubensgenossen: »Zerreißet Eure Herzen – und nicht Eure Kleider!« (Joel 2,13)
Jesaja, den Jesus häufig zitiert, läßt nichts an Deutlichkeit zu wünschen übrig:
»Siehe, wenn Ihr fastet, hadert und zankt Ihr und schlagt mit gottloser Faust drein. Ihr sollt nicht so fasten, wie Ihr jetzt tut, wenn Eure Stimme in der Höhe gehört werden soll! Soll das ein Fasten sein, an dem Ich Gefallen habe (spricht Der Herr)? Ein Tag, an dem man sich kasteit, wenn ein Mensch seinen Kopf hängen läßt wie Schilf und in Sack und Asche sich bettet? ... Das aber ist ein Fasten, an dem Ich Gefallen habe (spricht Der Herr): Löse die Fesseln derer, die Du mit Unrecht gebunden hast; laß ledig, auf die Du das Joch gelegt hast! Gib frei, die Du bedrückst! ... Brich den Hungrigen Dein Brot, und die im Elend ohne Obdach sind, führe ins Haus! Wenn Du einen nackt siehst, so kleide ihn, und entzieh Dich nicht Deinem Fleisch und Blut ...« (Jes 58,4–7)
In dieser Weise werden von Jesaja die Werke der Barmherzigkeit als *das wahre Fasten* bezeichnet. Im landläufigen Sinne bedeutet »Fasten« zwar nur Verzicht auf Nahrung, aber »Fasten« gilt den Propheten im alten Israel auch als eine Tat der Buße und der praktischen Liebeserweise am Nächsten, kurzum: als ein Handeln, das Gott wohlgefällt. Die Aussage »das ist ein Fasten, wie Ich es liebe: Die Fesseln des Unrechts zu lösen ... an die Hungrigen Dein Brot auszuteilen«

überträgt die positive Wertung, die dem Wort »Fasten« innewohnt, auf die Werke der Liebe und macht damit deutlich: Barmherzigkeit üben, das ist die wahre Buße, das *bessere Fasten*, das wahrhaftig gottgefällige Werk.
In diesem Sinne eines Verwerfens des leiblichen Fastens sagte Gott zu den Missetätern und Sündern durch den Mund Jeremias':
»Denn wenn sie auch fasten, so will Ich doch ihr Flehen nicht erhören.« (Jer 14,12)
Und Sacharja berichtet das Wort Gottes mit unüberhörbarer Ironie:
»Sage allem Volk im Lande und den Priestern und sprich: Als Ihr fastetet ... habt Ihr da für Mich gefastet? Und wenn Ihr eßt und trinkt, eßt und trinkt Ihr da nicht für Euch selbst?« (Sach 7,5)

Kurzum: Am bloßen Fasten – als Bußersatz – hat Gott keinerlei Gefallen und an demonstrativer Scheinheiligkeit noch weniger.
Es ist diese klare Unterscheidung zwischen »falschen Fasten« als einer zur Schau gestellten Frömmelei und echter innerlicher Reue, als Rückkehr zu Gott, die wie ein roter Faden durch Jesu gesamte Bußpredigt läuft. Auch dies entspricht einem uralten Midrasch, der betont, daß weder Fasten noch die Selbstkasteiung der Bewohner Ninives bei Gott einst den Ausschlag gegeben hatte, heißt es doch im Buche Jonah *nicht*:
»Gott sah ihr Sackgewand und ihr Fasten«, sondern: »Und Gott sah, daß sie von ihrem bösen Weg umkehrten« (Jonah 3,10), worauf wir lesen: »Und es reute Gott das Übel, daß Er ihnen angekündigt hatte, und Er tat es nicht.« (Jonah 3,10) Ein Vorbild von wahrhafter Herzensreue, das auch im heutigen Judentum hochgehalten wird.
Das Judentum bejaht zwar die Genügsamkeit und verpönt jedwede Prasserei, aber da es alle Leiblichkeit als gottgegeben akzeptiert, steht es der übertriebenen Enthaltsamkeit kritisch gegenüber. Das gilt auch für den »Nasir«, der auf den Genuß von Wein und Trauben verzichtet, sein Haupthaar lang wachsen läßt und des öfteren fastet. (Nu 6,1–21)
Obwohl dieses Nasiräat, das auch im NT vorkommt (Apg 21,23 ff.), bisweilen als Zeichen einer besonderen Frömmig-

keit gilt, erlaubten es die Rabbiner nur für eine begrenzte Zeitspanne. Der Talmud (bNedarim 10a) weist darauf hin, daß der Nasir (der Gottgeweihte) am Ende seiner Enthaltsamkeitsperiode, der Bibel gemäß, ein Sündopfer darzubringen hat (Nu 6,13–16), und stellt die Frage: An welcher Seele hat er sich denn vergangen? Worauf die Antwort lautet: Gegen sich selbst hat er gesündigt, da er seinem Leib den legitimen Weingenuß entzogen hat. Woraus gefolgert wird: Wenn dieser, der bloß dem Weingenuß entsagt hat, bereits als Sünder gilt – um wieviel mehr jener, der auf jeglichen Verzehr verzichtet. Daraus ergibt sich:
Wer im Fasten verweilt, ist ein Sünder.

Alter Wein ist besser

Da also Wein nicht nur erlaubt ist, sondern er »des Menschen Herz erfreut«, wie der Psalmist erklärt (Ps 104,15), ja, da er »das Leben mit Wonne erfüllt«, wie der weltweise Prediger Salomo (Pred 10,19) betont, wurde der Wein im rabbinischen Sprachgebrauch ein häufiges Gleichnis für die Thora, wobei jedoch hervorgehoben wird, daß »je älter der Wein im Krug wird, um so besser wird er«. (Soferim XV,6)

Neuer Wein hingegen gilt nicht nur bei den Rabbinen als minderwertig. So z. B. heißt es in den »Sprüchen der Väter«: »Schau nicht auf das Gefäß, sondern auf seinen Inhalt! Ein neuer Krug mag voll alten Weins sein; ein alter Krug aber mag nicht einmal neuen Wein enthalten.« (Abot IV,20)
So heißt es auch in der Spruchweisheit eines anderen Jesus, nämlich Jesus Sirach, der rund 300 Jahre vor dem Nazarener im Lande Israel gelebt und gelehrt hatte:

»Gib einen alten Freund nicht auf,
denn ein neuer hält nicht zu Dir!!
Ein neuer Freund ist wie ein neuer Wein:
nur alt trinkst Du ihn gern.« (Sir 9,10)

Im Talmudtraktat Pessachim, wo von dem vorgeschriebenen Genuß von vier Bechern Wein beim Passahfest die Rede ist, lesen wir: »Drei Dinge richten empor die Gestalt des Menschen und erleuchten seine Augen: weißes Brot, üppiges Fleisch und alter, nämlich sehr alter Wein.« (Pess 42a-Bar)
»Mit wem läßt sich derjenige vergleichen, der von Kindern lernt?« So fragt Rabbi Josse, der Sohn des Jehuda, eine der Leuchten des Judentums im 2. Jahrhundert – und antwortet: »Mit einem, der neuen Wein aus der Kelter trinkt. Wer aber von alten Leuten lernt, gleicht dem, der reifen, alten Wein genießt.« (Abot IV,26)
Auch im Johannesevangelium, beim Weinwunder auf der Hochzeit zu Kana, sagt der Speisemeister zum Bräutigam: »Jedermann setzt zuerst den guten Wein vor, und wenn sie trunken sind, den geringeren.« (Joh 2,10) – wobei sich so gut wie alle Kommentatoren einig sind, daß mit dem guten Wein der alte, mit dem geringeren aber ein neuer Wein gemeint ist. (Vgl. Strack-Billerbeck Band I, S. 409)

Mit einem Wort: Wo immer auch auf Erden Wein genossen wird, gilt der alte Wein als Zeichen der Güte; der neue hingegen als billig und gering.
Daß Jesus von Nazareth, der dem Festefeiern keineswegs abgeneigt (Joh 2,1–2; Lk 7,36; Lk 19,5 ff. etc.) und als »Schlemmer und Weinsäufer« (Mt 11,19) verrufen war, mit dem Vorzug alter Weine genauso vertraut war wie mit der Minderwertigkeit des Heurigen, das dürfen wir wohl als gesicherten Tatbestand annehmen.
So kann er also nur solche Erneuerungen religiöser Natur mit »neuem Wein« verglichen haben, die er selbst als falsch, unnötig oder schädlich verpönen wollte. Daß auch all seine Zuhörer – meist Bauern, Hirten und Fischer – ausnahmslos einem alten Wein den Vorzug vor jedwedem neuen Wein gaben, ist wohl selbstverständlich.
Folgerichtig verwirft also Jesus die Vermischung neuer Sitten – wie in unserem Falle das unbiblische Fasten – mit dem althergebrachten Glaubensgut seiner Vorväter, da solch eine Vermengung nur beiden Abbruch tun würde.

»Neuen Wein muß man in neue Schläuche füllen!« (Mt 9,17) So rät er mit sanftem Spott den Johannesjüngern und den Befürwortern des Fastens unter den Pharisäern, »sonst wird ja der junge Wein (des Fastens) die alten Schläuche (des Judentums) sprengen, so daß er selbst verschüttet wird und die Schläuche zugrunde gehen«. (Lk 5,37)
Im Klartext heißt das: Bleiben wir doch beim erprobten altehrwürdigen Glaubensgut, *ohne* krampfhafte Versuche von unnötigen Erneuerungen!
Und Jesus endet mit einem Schlußwort, das alle christlichen Deutungen des Nazareners als des revolutionären »Sprengers« des »alten« Judentums und als »Bringers des neuen (christlichen) Weins« über den Haufen wirft. Er verbindet nämlich zur Abrundung des Gleichnisses sein Lob der alten Thora mit einer klaren Absage an alle Fastenprediger, Erneuerer und Anpreiser von Novitäten. Mit bestechender Logik krönt er seine Rede mit einer spitzen Pointe, die zwar von christlichen Autoren fast immer weggelassen wird, in der jedoch des Pudels Kern zu finden ist. Mit seinen Worten:
»Und niemand, der alten Wein getrunken hat, will neuen; denn er sagt: Der alte ist gut.« (Lukas 5,39) Mehr noch! Etliche alte Handschriften, sowohl griechische als auch lateinische, verdeutlichen den Satz sinngemäß wie folgt: »Der alte (Wein) ist besser.« (Vgl. Nestle, Novum Testamentum Graece et Latine, ad locum)
Und aus dem apokryphen Thomasevangelium hallt es wider: »Kein Mensch trinkt alten Wein – und begehrt dann neuen Wein zu trinken.« (Spruch Nr. 47)
Welcher Wein gehört also in welche Schläuche? Jesus antwortet: Neuer Wein gehört in neue Schläuche – aber alter Wein ist doch besser; wie alt auch immer der Schlauch sein mag.
Wer dieselbe Binsenwahrheit aus deutscher Quelle in einer jüngeren Fassung vorziehen sollte, möge die Burg Stahleck bei Bacharach am Rhein besuchen. Dort findet er sie in gotischen Buchstaben in den Felsen gemeißelt:

»Alten Wein aus alten Krügen
und ein Lied aus alter Zeit
lieb' ich ferne von den Lügen
der modernen Herrlichkeit.«

Was geschah beim »Seewandeln«?

»Und sogleich zwang er seine Jünger, ins Boot zu steigen und vorauszufahren an das jenseitige Ufer nach Bethsaida, während er selber das Volk entließ.
Und nachdem er sie verabschiedet hatte, ging er weg auf den Berg, um zu beten.
Und als es Abend geworden war, befand sich das Schiff mitten auf dem Meer und er selbst allein auf dem Land.
Und als er sah, wie sie sich beim Rudern abquälten – sie hatten nämlich Gegenwind –, da kam er um die vierte Nachtwache zu ihnen, wandelnd über dem Meer; und wollte an ihnen vorübergehen.
Sie aber, als sie ihn sahen über dem Meer wandeln, wähnten, daß es ein Gespenst sei, und schrien auf. Denn alle hatten ihn gesehen und waren verwirrt.
Er aber redete sie sogleich an und sagte ihnen: Habt Mut! Ich bin es. Fürchtet Euch nicht!
Und er stieg zu ihnen ins Schiff (hinauf), und der Wind legte sich.
Und sie entsetzten sich gar sehr, über alle Maßen; denn bei den Broten waren sie nicht zur Einsicht gekommen, sondern ihr Herz war verstockt.« (Mk 6,45–52)

Einem Juden, der diese acht Verse der Perikope vom Seewandel liest, drängen sich etliche Fragen und Schwierigkeiten auf.
Warum mußte Jesus seine Jünger »zwingen« (6,45), in das Boot einzusteigen? Wenn er sich, wie so oft, zurückzieht, um in der Einsamkeit zu »beten« (6,46), widerspricht dies nicht allen theophanischen Andeutungen, mit denen in der Folge der Bericht von seinem Seewandel angeblich ausgestattet ist?

Wenn es »schon spät geworden war« (6,35), ehe die Speisung der »fünftausend Männer« (6,44) begonnen hatte, wie kommt es, daß es nach ihrer Speisung, dem Sammeln der Brot- und Fischreste, der Verabschiedung von der Menge und der Abfahrt der Jünger heißen kann: »Und als es Abend geworden war« (6,47)?
Wenn das Boot »mitten auf dem Meer« war (was eine Mindestdistanz von zwei Kilometern vom Ufer besagt), wie konnte Jesus »sehen«, daß sie sich »beim Rudern abquälten« (6,48)?
Wenn er sah, wie sie sich »abquälten«, warum wartet Jesus vom »Abend« bis zum Morgengrauen (»die vierte Wache«), ehe er »zu ihnen kommt« (6,48)?
Wie ist sein Seewandel bei starkem »Gegenwind« (6,48) und hohem Wellengang überhaupt vorstellbar?
Wie paßt die Aussage, »er wollte an ihnen vorübergehen« (6,48), zu seiner naheliegenden Absicht, ihnen in Seenot Beistand zu leisten?
Wenn die Jünger »ihn« sahen – also Jesus –, warum »meinten sie, es sei ein Gespenst«? (6,49)
Warum startet das Boot vom Speisungsort, dem Auftrag Jesu gemäß, am Abend in Richtung Bethsaida (6,45) und kommt am hellen Tag ganz unerwartet in Genezareth an (6,53)?
Da jeder damalige Jude, der das Wunder der Speisung der Fünftausend soeben miterlebt hatte (Mk 6,35–44), überzeugt gewesen wäre, daß Jesus, sollte er dies beabsichtigen, auch auf dem Wasser wandeln könne, warum all das »Aufschreien«, das »Entsetzen« und die »Bestürzung« (6,49 f.) der Jünger?
Wenn die Jünger »bei den Broten« (6,52) keine Einsicht gewonnen hatten, warum werden die Fische des Speisungswunders (Mk 6,38) hier weggelassen?
Was haben die Jünger »bei den Broten« eigentlich »nicht verstanden« (6,52)?
Da Juden und Christen jeweils verschiedene Antworten auf diese offenen Fragen geben werden, müssen wir uns wohl beide mit der Rabbinischen Endzeithoffnung begnügen, die in dem Kürzel TEKU zum Ausdruck kommt und besagt, daß, be-

treffs umstrittener Lehrmeinungen, der Tischbite (d. h. Elia aus Tischbi als Vorläufer des Messias) »Fragen und Probleme beantworten werde«.[1]
Ob dieser Seewandel bereits vormarkinisch mit der ihm vorangestellten Speisung der Fünftausend verknüpft war; ob ein »Naturwunder«, ein »Legitimationswunder«, eine Sturmstillung, eine Christophanie, eine Präfiguration der Eucharistie oder eine Kombination dieser Elemente der Aussageintention des Markus entsprechen, bleibt bis heute genauso umstritten wie die Kardinalfrage, wieweit es sich hier um markinische Redaktion handelt und was hier – wenn überhaupt – als historischer Kern der Erzählung gelten kann. Um zur ältesten Tradition zurückzugelangen, sollte man wohl zuerst diejenigen Stellen abschälen, die deutlich die beiden bekannten Grundmotive markinischer Redaktion hervorheben: das sogenannte Messiasgeheimnis und das Unverständnis der Jünger.

Epiphanie des Gottessohnes?

Zum »Messias-Geheimnis« gehören seit Mk 1,1 alle Elemente, die den Seewandel als Epiphaniegeschichte »des Sohnes Gottes« schildern wollen. Das bezieht sich auf Jesu Wandel »vom Berge her« (vgl. Dt 32,3; Ri 5,4 f.; Nab 3,3) wie auch, daß er über das Wasser schreitet (vgl. Ps 77,20; Jes 43,16; Hiob 9,8;).

Einerseits konnten auch Mose, der »erste Prophet« (Dt 34,10), sowie die Propheten Elia und Elischa trockenen Fußes über die Wasser schreiten:
»Und Der Herr sprach zu Mose: ... Du aber hebe deinen Stab auf und recke deine Hand *über das Meer* und teile es *mitten* durch, so daß die Kinder Israel auf dem Trockenen *mitten durch das Meer* gehen ... Und die Kinder Israel gingen hinein *mitten ins Meer* ...« (Ex 14,15 ff. und 22)

1. Auf hebräisch: Tischbi Jetarez Kuschiot we-Ba'ajot, nach Maleachi 3,23–24.

Das dreifache »mitten ins Meer« oder »mitten durch das Meer« mag in Mk 6,48 »mitten auf dem Meer« nachklingen – um so mehr, als Mose sechsmal bei Markus namentlich erwähnt wird (Mk 1,44; 7,10; 10,3; 4,12.19 und 12,26) und etliche weitere Male als Vergleichsperson für Jesus im gedanklichen Hintergrund aufzutauchen scheint.
Da die Zeit jedoch »nahe dem Pascha« war, wie Joh 6,4 erläutert, mag hier ursprünglich an den Vers aus den Hallel-Psalmen gedacht worden sein, die am Sederabend rezitiert werden:
»Als Israel aus Ägypten zog ... da wurde Judah Sein Königtum, Israel Sein Königreich. Das Meer sah es und floh ... Was war mit dir, du Meer, daß du flohest?« (Ps 114,1 ff.)
Noch klarer mutet die Parallele bei Elia und Elischa an: »Und fünfzig von den Prophetenjüngern gingen hin und standen von ferne; aber die beiden standen am Jordan. Da nahm Elia seinen Mantel ... und schlug ins Wasser, das teilte sich nach beiden Seiten, so daß die beiden auf trockenem Boden hinüber gingen.« (II Kö 2,7 f.)
»Und er (Elischa) nahm den Mantel, der Elia entfallen war, und schlug ins Wasser und sprach: »Wo ist nun Der Herr, Der Gott Elias? ... Da teilte es sich nach beiden Seiten, und Elischa ging hindurch ...« (II Kö 2,14 f.)
Da Mose und Elia als untergeordnete Kronzeugen in der Verklärung (Mk 9,4 ff.) Jesu dienen und nur dank göttlicher Hilfe die Wasser bezwingen konnten, könnte Mk 6,48a auf einer vormarkinischen Tradition beruhen, die Jesus diesen Propheten gleichsetzt oder, in einem späteren Stadium, die beiden überbieten will. Denn eigentlich handelt es sich um eine zweifache Überbietung: Elia speist »nur« hundert Mann mit zwanzig Broten (II Kö 4,42–44), während Jesus mit fünf Broten und zwei Fischen »fünftausend Mann« zu sättigen vermochte (Mk 6,35–44). Ebenso konnte Elia die Wasser des Jordans teilen, so daß er und Elischa »auf trockenem Fuße hinüber gingen« (II Kö 2,8), während Mose »nur« einen Durchzug »auf dem Trockenen mitten durch das Meer« (Ex 14,16.22) erwirken konnte. Jesus hingegen »wandelte auf dem Meer« (Mk 6,48), was als größeres Wunder zu gelten schien.

Auf dem Meer?

Doch all dies scheint einer späteren Textentfaltung zuzuschreiben zu sein, die Jesus bereits in den Bereich des Überirdischen zu entrücken begann. Die sprachliche Evidenz zeigt Spuren einer viel einfacheren Urfassung, die noch »mit beiden Füßen« auf Erden stand. Die Rede ist von der griechischen Wortgruppe »auf dem Meer« in Mk 6,48, die bereits durch die Erhebung des galiläischen Binnensees zum »Meer« ihre hebräische Vorlage durchschimmern läßt. In der Muttersprache Jesu heißt dieser See nämlich »Jam-Kinnereth«, d. h. »das Meer von Genezareth«.

Nun ergibt aber eine wörtliche Rückübersetzung von epi tes thalasses (auf dem Meer): das hebräische »al-ha-jam«, das »am Meer« bedeutet im Sinne von: auf dem Meeresufer, oder: entlang dem Meeresstrand.

So etwa heißt es in Ex 14,2.9, daß Israel »am Meer« lagerte; daß die Kanaaniter »am Meer« wohnten (Nu 13,29); daß sie zahlreich waren wie »der Sand am Meer« (II Sam 17,11; I Kö 4,20), und Simon der Makkabäer läßt die Stadt Jaffo »am Meer« befestigen (I Makk 14,34).

In eben diesem Sinn wird auch der griechische Ausdruck »auf dem Meer« in Joh 21,1 gebraucht, wo es heißt: »Nach diesem offenbarte sich Jesus wieder den Jüngern am See(ufer) von Tiberias.«

Während also »auf dem Meer« lediglich die Meeresnähe zum Ausdruck bringt, fordert ein Im-Meer-Sein oder ein Über-dem-Wasser-Schweben sowohl im Hebräischen als auch im Aramäischen den Semitismus »auf dem Antlitz von . . .«.

So zum Beispiel brauste Der Geist Gottes »über dem Antlitz der Wasser« (Gen 1,2), und die Arche Noahs fuhr »auf dem Antlitz der Wasser« (Gen 7,18).

Da Markus auch durchblicken läßt, daß es den Jüngern *nur so schien,* als ob Jesus auf dem Wasser wandelte (»sie meinten, es sei ein Gespenst«), dürfen wir mit J. Mendner übereinstimmen, der folgert, daß »Jesus in Wahrheit am Ufer war: er war also während der Nacht zu Fuß am Ufer entlang gegangen«.[2] Da außerdem das Uferland über die Seeoberfläche erhoben ist, mag Jesus den durch den Sturm erregten Gemütern seiner Jünger im Halbdunkel der späten Abenddämmerung wie »über den See erhaben« erschienen sein. Dieses Gehen das Seeufer entlang wird durch die zweite Satzhälfte (Mk 6,48b) bestärkt: »Er wollte an ihnen vorübergehen«, was auf sein ungestörtes *Weitergehen* entlang dem unweit gelegenen Seeufer hinzuweisen scheint. Doch davon soll noch die Rede sein.

Da in der Hebräischen Bibel nur von einem »Gehen durch das Schilfmeer« (Ex 14,16.22) und »durch den Jordan« (Jos 3,15–17; II Kö 2,8.14) die Rede ist, wobei es sich in beiden Fällen um eine trockene Furt handelt, die trockenen Fußes überquert wurde, jedoch nirgends erwähnt wird, daß jemand »auf dem Wasser« gewandelt sei, dürfen wir wohl annehmen, daß Jesu »Seewandeln« ursprünglich als Folge einer optischen Täuschung der Jünger entstand, die später, im Zuge der Übersetzung ins Griechische, durch ein sprachliches Mißverständnis (oder eine absichtliche Hochstilisierung) zum Wunder verherrlicht worden ist.

Diese Annahme wird durch die Tatsache bekräftigt, daß im griechischen Altertum zahlreiche Legenden von einem Gehen auf dem Wasser erzählen. So zum Beispiel hatte Orion, der Sohn des Poseidon, die Fähigkeit, »auf den Wogen zu gehen wie auf dem Land«. Xerxes ruhte nicht – laut Isokrates –, ehe er »mit dem Heer über das Festland segeln und zu Fuß über das Meer gehen konnte«. Laut Dio Chrysostomos ist der von den Menschen der stärkste, »der, wenn er will, zu Fuß über das Meer schreitet«.

Lukian von Samosata erzählt von einem Fabelvolk im hohen Norden, dessen Angehörige »auf dem Wasser gehen können«, usw., usw.[3]

2. *S. Mendner,* NTSt 4 (1957/58, S. 292 f.

3. Belege für diese und ähnliche griechische Fabelmotive bei: *Wer-*

Kurzum, das »Seewandeln« gehört zu den griechischen Göttersagen, die darin die übermenschliche Herrschaft über die Naturkräfte zum Ausdruck bringen wollen.
Erst viel später, im Zuge der erdentrückenden Christologie, erinnerte man sich daran, daß es von Gott in Ps 77,20 heißt:
»Durch das Meer führt Dein Weg
und Deine Pfade durch große Wasser«
und daß ER, laut Hiob 9,8, »auf den Wogen des Meeres schreitet«.
Doch auch Rudolf Bultmann, der die hebräische Bibel »als Quelle evangelischer Wundergeschichten ablehnt«[4] betont: »Die Geschichte vom Seewandel Jesu hat schwerlich ihren Ursprung in den hyperbolischen Wendungen vom Wandel Gottes über die Wasser.«[5]

»Und er wollte vorübergehen«

Gleich nach diesem Meerwandeln Jesu entlang dem Seeufer heißt es überraschenderweise:
»Und er wollte an ihnen vorübergehen.« (Mk 6,48) Hier übersteigt die Zahl der Deutungen ein Dutzend, von denen nur die wichtigsten erwähnt werden sollen. Das Vorbei-Gehen-Wollen sei ein Zeichen seiner Unzufriedenheit mit den Jüngern, weil sie noch immer seine Messianität nicht erkannt hatten; er wollte den Glauben seiner Jünger auf die Probe stellen; im Rahmen seines »Messiasgeheimnisses« wollte er sich ihnen entziehen, um seine wahre Identität zu verhüllen; er wollte ihr Schiff überholen, um vor ihnen das gegenüberliegende Ufer

ner Berg, Die Rezeption alttestamentlicher Motive im Neuen Testament dargestellt an den Seewandelerzählungen, Freiburg 1979, S. 61 ff.

4. *R. Bultmann,* Die Geschichte der synoptischen Tradition, Göttingen 1967, 7. Auflage, S. 245.
5. a.a.O., S. 245.

zu erreichen; im Vorübergehen wollte er ihnen seine Macht über die Naturkräfte beweisen – oder: Die Jünger glaubten zwar, daß er vorübergehen wollte, hatten sich jedoch – wie so oft – geirrt, da er ja letzten Endes »zu ihnen ins Boot stieg« (Mk 6,51), wie es kurz danach heißt.
Im Rahmen der späteren Erhöhungschristologie wurde dieses Vorübergehen von den Kirchenvätern in den Zusammenhang mit dem »Vorübergehen Gottes« in der hebräischen Bibel gebracht. Vor allem ging es den frühen Interpreten um die Theophanie in der Wüste, weil hier das dreifache »Vorübergehen Gottes« der Ausdruck Seiner Liebe und Güte ist:
»Ich will vor deinem Angesicht all Meine Güte *vorübergehen* lassen und will vor dir kundtun Den Namen Des Herrn ... wenn dann Meine Herrlichkeit *vorübergeht*, will Ich dich in die Felsenkluft stellen und Meine Hand über dich halten, bis Ich *vorübergegangen* bin ...« (Ex 33,19–23)
Ebenso »geht Gott vorüber«, um die Ägypter zu schlagen (Ex 12,23). Er geht an Mose vorüber als heilsvolles »Entgegenkommen« (Ex 34,6–7), und am Berge Horeb geht Er an Elia vorüber, als unsichtbarer, aber (kaum) hörbarer Gott (I Kö 19,11). Da aber Jesus vorüberging, ohne erkannt zu werden, dachten etliche Deuter, die zweite Vershälfte (6,49b) habe ihr Vorbild in der Theophanie des Hiob, wo es heißt:
»Siehe, ER geht an mir vorüber, ohne daß ich's gewahr werde; und wandelt vorbei, ohne daß ich's merke.« (Hiob 9,11) – um so mehr, als es zwei Verse zuvor ja heißt: »Der Herr ... schreitet auf den Wogen des Meeres« (Hiob 9,8).
Was diesen Auslegern offensichtlich entgangen sein muß, ist die Zweideutigkeit des göttlichen Vorübergehens in der hebräischen Bibel. Es kann als Offenbarung (Ex 33,19.22; 34,6; I Kö 19,11) oder als Heil (Ex 12,23 [Septuaginta] Dan 12,1) oder als Gnadenerweis (Gen 18,5) verstanden werden. Andererseits kann beim Vorübergehen Gottes das Bedrohliche im Vordergrund stehen (Hiob 9,11) und Sein Nicht-Vorübergehen einem Gnadenbeweis (Gen 18,3) oder einer Heilstat (Jes 33,22 LXX) gleichkommen.

Was viel einfacher und einleuchtender scheint, ist, daß Jesus, der ihr Schiff versäumt hatte, mit anbrechender Dunkelheit so rasch wie möglich an ihnen »vorbeikommen« wollte, um eventuellen Häschern oder Denunzianten des Herodes zu entkommen, das herodianische Hoheitsgebiet in Eile zu verlassen, um »hinüber nach Bethsaida« (6,45) zu gelangen.

»Fürchtet euch nicht!«

Im nächsten Vers hören wir vom »Entsetzen« der Jünger, die ein »Gespenst« zu sehen »meinten« und aufschrien, »denn alle sahen ihn und wurden bestürzt« (6,49).
Wer einmal ein Ungewitter auf dem See Genezareth erlebt hat, wird sich unschwer vergegenwärtigen können, daß es nun Nacht war, ein heftiger Sturm das Boot umtobte, während die Angst um Jesus und die Furcht vor den Häschern des Herodes ihre Herzen aufwühlen mußten. Wenn dann das plötzliche Erscheinen eines Mannes im Laufschritt am Seeufer, der nun, vielleicht von einem durch die Wolken brechenden Mondlicht erhellt, sich einem erhitzten Gemüt als überdimensional vorstellte; wenn zu alldem der in ganz Galiläa verbreitete Dämonenglaube hinzugefügt wird, so bedarf das panische Erschrekken der Jünger keiner un- oder übernatürlichen Erklärung.
Aber dennoch hält dieser Tatbestand viele Exegeten keineswegs von ihrer »Parallelomania« ab. Dem »Gespenst« der Jünger werden »das Gesicht« aus Nu 16,30; das »Nachtgesicht« aus Hiob 20,8; das »Trugbild« aus Jes 28,7 (LXX) und etliche andere Erscheinungen hinzugesellt, obwohl beim besten Willen so gut wie kein wesentlicher Zusammenhang zwischen den beiden hergestellt werden kann.
Andere assoziieren das Furchtmotiv der Verwirrung, der »Angst« und des »Entsetzens« der Jünger (»gar sehr, über alle Maßen« in 6,51b) mit dem »Fliehen« und »Fürchten« des Volkes Israel (Ex 20,18 und 20,LXX) bei Gottes Selbstoffenbarung am Sinai – analog zum »sie waren vom Schrecken er-

griffen« (Mk 9,6), als Jesus »auf einem hohen Berg« (Mk 9,2) verklärt wurde. Da aber die Redewendung »fürchtet Euch nicht!« nicht weniger als zweiundsiebzigmal in der Bibel Jesu und seiner Apostel vorkommt, scheint es müßig, aus der nur allzu menschlichen Furcht und der in der Schrift nicht weniger häufigen Ermutigung ein gekünsteltes Verbindungsglied zwischen Thora und Evangelium herauszulesen.

Ähnliches gilt für den Mutzuspruch Jesu, sobald das Boot sich dem Ufer genähert hatte:

»Seid guten Mutes! Ich bin's. Fürchtet Euch nicht!« (6,50b)

Unter den Umständen kann man sich wohl kaum einen schlichteren und wirksameren Wortlaut vorstellen, der, in der Tat, die erregten Jünger auch sofort zu beruhigen vermochte.

Und dennoch werden über ein Dutzend ähnliche Ermutigungsworte aus der hebräischen Bibel herbeibemüht. So denken manche an die Hebamme, die bei der schweren Geburt Benjamins zu Rachel sagte:

»Fürchte Dich nicht, denn auch diesmal wirst Du einen Sohn haben.« (Gen 35,17)

An Mose, der dem Volk, angesichts der nachrückenden Heerscharen des Pharao, mit folgenden Worten neuen Mut einflößt:

»Fürchtet Euch nicht! Steht fest und seht zu, was für ein Heil Der Herr heute an Euch tun wird.« (Ex 14,13)

An Elia, der während der Hungersnot der Witwe von Zarphath Gottes Beistand zusagt: »Fürchte dich nicht! Gehe hin und mach's, wie du gesagt hast!« (I Kö 17,13)

Und an Joel, der zur Stunde der drohenden Gefahr feindlicher Angriffe zum Vertrauen auf Gott aufruft:

»Fürchte dich nicht, liebes Land, sondern sei fröhlich und getrost; denn Der Herr kann auch Gewaltiges tun.« (Joel 2,21 f.)

Vor allem aber beruft man sich gerne auf Moses identischen Mutzuspruch zu Füßen des Berges Sinai (Ex 20,20), da dies ja im Zusammenhang mit einer göttlichen Offenbarung steht.

»Fürchtet Euch nicht!« (Mk 6,50b) würde aber dann kein Gotteswort sein, sondern der Beruhigung des sterblichen Mose entsprechen, was einem der urchristlichen Jesusbilder des Moses redivivus nahekäme[6]

6. vgl. *Paul Voltz,* Die Eschatologie der jüdischen Gemeinde, Tübingen 1934, S. 195, 236, 370.

Wie dem auch sei, in allen Fällen sind es – auch beim sogenannten »Seewandel« – Juden, die anderen Juden Mut zusprechen, meistens mit dem Hinweis auf Gottes Beistand, der nicht ausbleiben wird.

»Ich bin es«

Keine andere Wortgruppe in unserer Perikope ist ärger strapaziert worden, um ihr, koste es, was es wolle, einen göttlichen oder zumindest einen messianischen Sinn abzuringen. Einige Beispiele, stellvertretend für viele andere, mögen die apodiktische Sicherheit der Exegeten demonstrieren:

A. Hajduk: »Wenn Jesus ›ego eimi‹ (ich bin es) sagt, dann ist diese Aussage mit messianischem Inhalt gefüllt.«
W. Manson: »In der Aussage Jesu ›ich bin (es)‹ ereignet sich die Gegenwart des Messias, die Gegenwart Gottes in Jesus.«
J. Richter: »Ani hu (Ich bin Er) in seiner allgemeinen Gültigkeit ist ein Kennwort des Monotheismus und wird durch seine Weite und allumfassende Bedeutung zur Summa aller Aussagen Gottes über Sich Selbst.«
E. Stauffer: »Die Theophanieformel ›ego eimi‹ ist allem Anschein nach eine echte jesuanische Ich-Formel, die reinste, die kühnste und tiefste Selbstprädikation Jesu.«
J. Gallot: »Mit dem Wort ›ich bin es‹ will Jesus seine göttliche Identität ausdrücken.«
W. Zimmermann: »Wie Gott ... innerhalb des Alten Testaments durch die Offenbarungsformel ›Ich Bin Es‹ Sein Wesen und Seinen Willen kundtut, so offenbart Er Sich im Neuen Testament durch Seinen Christus.«[7]

Was sollen wir zu all diesen und vielen anderen Behauptungen

7. Belege bei *Werner Berg* a.a.O., S. 162–175, für dessen Hinweise ich dankbar bin.

sagen, die sich samt und sonders auf Gottes Worte aus der hebräischen Bibel berufen?
Einerseits hat die Aussage »Ich bin es« im jüdischen Schrifttum keinerlei messianischen Bedeutungsinhalt; andererseits stimmt es ebenso nicht, daß Gottes zentrale Selbstoffenbarung im Dornbusch in den Worten »Ich Bin Es« gipfelt (sondern: »Ich werde sein, Der Ich sein werde«, Ex 3,14) und von der Septuaginta mit »Ego Eimi« übersetzt worden ist.
Wahr hingegen ist es, daß etliche Gottesworte, aus Prophetenmund, das formelhafte »ANI HU« enthalten (z. B. Jes 41,4; 46,4 und 48,12), das wohl am besten mit »Ich Bin Es« wiedergegeben wird.
Es darf aber ebensowenig verschwiegen werden, daß derselbe Wortlaut, den die LXX mit ein und demselben »Ego Eimi« wie in Mk 6,50 wiedergibt, auch des öfteren in der Bibel als profanes Menschenwort berichtet wird.

So sagt z. B. David, nachdem er eine von Gott verbotene Volkszählung durchführen ließ:
»Ich bin es (ani hu), der gesündigt hat.« (I Chro 21,17) Samuel antwortet Saul, auf die Frage, wo das Haus des Sehers zu finden sei: »Ich bin es.« (I Kö 9,19)
Auf der Flucht vor seinem Sohn Absalom drückt David seine Gottergebenheit aus:
»Und wenn Gott sagt: Ich habe kein Wohlgefallen an dir, siehe, ich bin (da); Er möge mit mir tun, was in Seinen Augen gut ist.« (II Sam 15,26)
In seiner Berufungsvision antwortet Jesaja auf Gottes Frage: »Wen soll Ich schicken . . .?« mit den Worten:
»Siehe, ich bin (da), schicke mich!« (Jes 6,8). Als Asahel, der Sohn Zerujahs, bei der Schlacht zu Gibeon den Abner, einen der Heerführer Sauls, verfolgt, heißt es: »Da blickte Abner nach hinten und sagte: Bist du es, Asahel? Da sagte er: Ich bin es.« (II Sam 2,20)
Die Tochter des Jiphtach, die aufgrund eines vorschnellen Gelübdes ihres Vaters geopfert werden soll, bittet mit folgenden Worten um Aufschub ihrer Tötung:
»Laß mir zwei Monate, und ich werde hingehen . . . und meine Jungfrauschaft beweinen. *Ich bin es* und meine Gefährtinnen.« (Ri 11,37)

Ja, es gibt sogar drei Stellen, an denen das »Ich bin es« in einem blasphemischen Sinn gebraucht wird – wobei die LXX allemal diesen Ausdruck ebenso mit »ego eimi« übersetzt. So schildert der Prophet Zephanja den Hochmut der Stadt Ninive, der er das Strafgericht ankündigt, mit klaren Worten: »Das ist die Freudenstadt, die in Sicherheit wohnte, und in ihrem Herzen sagte: Ich bin (es) und sonst niemand.« (Zeph 2,15)
In fast denselben Worten geißelt Jesaja das sündige Babylon, dem er den Untergang kündet: »Und nun höre dies, du Wollüstige ... die in ihrem Herzen sagte: ›ich bin (es) und sonst niemand‹« (Jes 47,8). Und er fährt fort:
»Du aber vertrautest auf deine Bosheit ... und sagtest in deinem Herzen: Ich bin (es) und keiner sonst.« (Jes 47,10)
Im Munde Ninives und Babylons drückt diese Aussage nicht nur politischen Absolutismus, sondern auch einen Anspruch auf Allmacht aus, die Gott verleugnet.
Der Wunsch scheint daher Vater des Gedankens zu sein, wenn Jesu Aussage »ego eimi« in unserer Perikope als Anspruch auf messianische oder gar göttliche Macht ausgelegt wird.

Fest steht, daß im Neuen Testament das »ego eimi« nicht immer in einem theologischen Sinn verwendet wird, auch wenn es aus dem Munde Jesu kommt. So z. B. Jo 18,5.6.8 und Mk 13,6. Im Grunde geht es in unserem »Seewandeln« um Trost für die verängstigten Jünger, die in dem durch Dunkelheit, Sturm und Distanz unkenntlichen Jesus ein Gespenst vermuten. Indem er sich mit der ihnen vertrauten Stimme laut zu erkennen gibt: »ich bin es – Jesus!«, gelingt es ihm, sie auf der Stelle zu besänftigen, wie die Parallelstelle im Johannesevangelium bezeugt:
»Da nahmen sie ihn mit Freuden in das Boot auf.« (Joh 6,21)
Wer, aller Plausibilität zum Trotz, den Worten Jesu mehr als einen wortkargen, angemessenen und wirksamen Mutzuspruch entnehmen will, muß sich von Goethe sagen lassen: »Wozu in die Ferne schweifen? Sieh, das Gute liegt so nah!«

Was das zweite markinische Grundmotiv: Das Unverständnis

der Jünger, betrifft, wird dies im Vers 51b und 52 so überdeutlich hervorgehoben, daß wir den Schluß der Perikope wohl, mit an Sicherheit grenzender Wahrscheinlichkeit, der Redaktion des Evangelisten zuschreiben können.
Dieses »Unverständnis« der Zwölf, das sich kurz zuvor beim Speisewunder (Mk 6,37) gezeigt hat, durchzieht ja das gesamte Evangelium (vgl. 1,38; 4,13; 4,40; 7,18; 8,14–21; 8,32f.; 9,9; 9,19; 9,32 und 10,32) wie ein roter Faden, nur um als letzte Konsequenz ihrer »Verhärtung« in ihrem kläglichen Versagen in der Passionsgeschichte (14,26–31; 32.42,50f.; 66–72) zu kulminieren. Daß es letztlich der römische Hauptmann zu Füßen des Kreuzes ist, der als erster Heide Jesus christologischen Tribut zollt: »Dieser Mensch war in Wahrheit Gottes Sohn!« (Mk 15,39), harmonisiert mit dem Nachtrag im »Markus-Schluß«, demgemäß die jüdischen Jünger auch nachösterlich vom Auferstandenen wegen »ihres Unglaubens und der Härte ihres Herzens« (Mk 16,17) gescholten werden.
Es erübrigt sich wohl, hier einzuwenden, daß ein Jesus, der sich ausgerechnet »unverständige« Jünger als inneren Kern seiner Bewegung erwählt, genauso unhistorisch wirkt wie ein »ungläubiger« Zwölferkreis, der Heim und Hof verlassen hat, um seinem Meister auf Gedeih und Verderb Nachfolge zu leisten.
Wir haben es also hier wohl mit dem redaktionellen Niederschlag des Überganges vom ursprünglichen Judenchristentum zur späteren Heidenkirche nach dem Jahre 70 zu tun.
Anders steht es offensichtlich mit Vers 51a: »Und er stieg zu ihnen ins Boot und der Wind legte sich.«
Auf Anhieb erinnern diese Worte an die Sturmstillung (Mk 4,39), wobei jedoch dort Jesus dem Sturm und den Wellen befiehlt: »Schweige, verstumme!«, worauf »eine Stille entstand« – während hier das Sich-Legen des Windes leicht auf ein hebräisches Passivum Divinum zurückführbar wäre, das in einer älteren Überlieferungsschicht Gott Selbst als Den Sturmstiller bezeugen wollte. Hier erscheinen die vormarkinischen Konturen einer Jesusgestalt, die zwar mit Vollmacht handelt, aber

vor allem irdisch, und nicht wundersüchtig, anmutet, da sie ihre Autorität einzig und allein von Gott empfängt.

Ein zweiter Jonah?

Die Perikope hat etliche Ähnlichkeiten mit der Jonahgeschichte: In beiden geht es um ein Schiff in Seenot; die Schiffsleute »fürchteten sich und schrien«; »die Leute *ruderten,* daß sie wieder ans Land kämen, aber sie *konnten nicht,* denn das Meer ging immer ungestümer *gegen* sie an«. (Jonah 1,13)
Umgekehrt jedoch klingen die beiden Weisen, in denen das Rettungswunder bewerkstelligt wird: Bei Jonah wird »das Meer still«, nachdem Jonah in das Meer *hinab*geworfen wird. (Jonah 1,15) Bei Jesus hingegen, nachdem er zu den Jüngern ins Boot *hinauf*gestiegen war. (Mk 6,51)
Wird Jesus hier als zweiter Jonah geschildert, dessen Taten die seines Vorläufers überbieten? Der Kontrast von Mk 6,51 zu Jonah 1,13 scheint für diese Annahme nicht zu genügen. Wenn man jedoch bedenkt, daß beide als Propheten in Israel galten (Mk 6,15); daß beide nur mit großem Widerwillen zu den Heiden gingen (Mk 7,24–30 und Jonah 1,1–3), jedoch beide letztlich bei den Heiden Erfolg ernteten (Jonah 3,4–10 und Jesus in der Heidenkirche des Markus), so scheint hier eine gewisse gedankliche Affinität nicht ganz von der Hand zu weisen zu sein. Dieser Eindruck wird durch Mt 12,39: »Das Zeichen des Propheten Jonah«; Mt 12,40 (»denn wie Jonah drei Tage und drei Nächte im Bauche des Seeungeheuers war, so wird der Menschensohn ...«) und Mt 12,41 (»siehe, hier ist mehr als Jonah«), aber insbesondere durch Lk 11,30 (»denn wie Jonah den Niniviten ein Zeichen war, so wird es auch der Menschensohn diesem Geschlecht sein!«) bestärkt.

Hinzuzufügen ist hier noch, daß einige Kirchenväter, aufgrund von Lk 11,29–30, die Tatsache betonen, daß die Heiden der Botschaft des Jonah Gehör schenkten, genau wie die späteren Heiden dem apostolischen Evangelium – während die Juden sich als ungehorsam erwiesen, was zu ihrer Bestrafung geführt habe (vgl. Justinus, Dialogus 107).

Eine weitere Untermauerung einer Jonah-Jesus-Assoziation liefert die rabbinische Überlieferung. Dem Midrasch gemäß wurde Jonah dreimal von den verängstigten Matrosen, die in manchen Zügen an die verängstigten Jünger erinnern, ins Meer hinabgelassen. Sobald das Wasser seine Knie erreichte, schwieg der Sturm, und das Meer stand still[8].

Einer anderen jüdischen Tradition zufolge war Jonah der Sohn der Witwe von Zarephta (vgl. I Kö 17,7ff. und Lk 4,25–26), den Elia wiederbelebte, und wird als »Messias aus dem Stamme Josephs« erwartet[9].

Ebenso wird von ihm berichtet: Jonah trat ein in das Maul des Fisches wie jemand, der eine Synagoge betritt[10].

Wie dem auch sei, das Buch Jonah gilt im gläubigen Judentum als das Hohelied der Unpachtbarkeit der Liebe Gottes und wurde als solches zur Prophetenlesung am Nachmittag des Versöhnungstages bestimmt – zu einer Zeit also, wenn die Gefahr besteht, daß die fastende, bußfertige Synagogengemeinde der Selbstgefälligkeit zum Opfer fallen könnte – ein Gedankengang, der dem Geist der jesuanischen Bußpredigt nahesteht.

Die Nähe des Passahfestes (Jo 6,4) und die markinische Einzigartigkeit der Vokabel phylake im Sinn von Nachtwache erinnert an Jes 21,12 – ein Vers, der schon früh im 1. Jahrhundert zur Auslegung der »Nacht der Bewahrungen« oder »des Wachens« (Ex 12,42) herangezogen und messianisch gedeutet wurde[11]:

»Die Israeliten sprachen zu Jesaja: Unser Lehrer ... wieviel ist uns von dieser Nacht vergangen? Er antwortete: Wartet auf mich, bis ich angefragt habe. Als er gefragt hatte, kehrte er zu ihnen zurück. Sie

8. Midrasch Jona 97; Zohar I, 121a und II, 230b–231a.
9. Seder Eliahu Rabba 18, 97–98.
10. Midrasch Jona 98–99.
11. vgl. Sanh 94a und Ex Rabba 18.

sprachen: Was hat Der Wächter gesagt, was hat Der Wächter der Welt (Gott) gesagt? Er antwortete: Der Wächter hat gesagt: Es kommt der Morgen und auch die Nacht (Jes 21,12). Sie sprachen zu ihm: Und auch die Nacht? Er antwortete: Nicht so, wie Ihr meint; vielmehr der Morgen kommt für die Gerechten und die Nacht für die Gottlosen; der Morgen für Israel und die Nacht für die Völker der Welt. Sie sprachen: Wann kommt der Morgen (der Erlösung)? Er antwortete: Wann Ihr wollt; Gott will es!«

Bedeutsam scheint das Ende dieser Talmudperikope, das mit Jesu Bußpredigt (Mk 1,15) im Einklang steht: »Sie sprachen: Wer hindert es denn (daß die Erlösung kommt)? Er antwortete: Die Buße ... Kehret um (in Buße), kommt!«[12]

Die dritte und letzte Nachtwache[13], die hier zur »vierten Wache« nach römischer Zählung (Mk 6,48) umformuliert wurde, gehört zu den zahlreichen Hellenisierungen der markinischen Endredaktion.

Der biblische Grundgedanke, daß die Zeit kurz vor dem Morgengrauen der Kairos für die Hilfe Gottes ist (Jes 17,14; Ps 46,3); die Sehnsucht nach dem Ende der Nacht (der Unterdrückung und der Unfreiheit), die wir aus Jesajas Frage an Den »Wächter der Welt« herausgehört haben, und die Gefahr, die die Nacht für Gegner der herodianischen Staatsmacht birgt – all dies mag hier in den Versen 50b–51a zu einem trostvollen Heilserlebnis geführt haben, das dann im Weitererzählen messianische Dimensionen gewann.

»Er entwich«

Was kommt nun als Kernaussage der vormarkinischen Überlieferung in Frage?

Hilfreich in der Suche nach einer Antwort scheinen hier die geographischen Aussagen zu sein. Das formelhafte »an das andere Ufer«, das zu den Vorzugsworten des Markus gehört[14], und das darauffolgende »nach Beth-Saida« in Vers 45 stehen

12. pTa'an I, 1.
13. bBer 3a.
14. »peran« kommt siebenmal bei Markus vor, von denen sechs Stellen als redaktionell gelten (3,8; 4,35; 5,21; 6,45; 8,13; 10,1)

zueinander als Doppelzielangabe in einer Spannung, die den örtlichen Gegebenheiten widerspricht, da das Fischerdorf im Norden des Sees, und zwar östlich von der Jordanmündung, gelegen ist. Kein Wunder daher, daß etliche Handschriften die Worte »an das andere Ufer« weglassen und einige der lateinischen Handschriften »nach Beth-Saida« durch »von Beth-Saida« ersetzen[15].

Unumgehbar scheint die Schlußfolgerung, daß wir es beim Motiv der Bootsfahrten mit Bruchstücken zu tun haben, die jeden Rahmen zu sprengen scheinen. Die Bootsfahrt von 4,35 »ans andere Ufer hinüber« beginnt am Abend und endet in 5,1 ff. am nächsten Tag; die zweite Bootsfahrt von 5,21 geht »wieder ans andere Ufer« und scheint in Vergessenheit geraten zu sein, bis in 6,32 das Boot an einem unbekannten »einsamen Ort« landet, in dessen Nähe das Speisungswunder stattfindet. Von dort fährt das Boot, wie gesagt, in Richtung Beth-Saida, nur um am (nächsten) hellen Tag in Genezareth zu landen. Das letztemal hören wir von einer Bootsfahrt nach der zweiten Brotvermehrung in 8,10 und 8,13, wonach jedoch Beth-Saida als Ankunftsort noch einmal (8,22) genannt wird. Die einzig logische Erklärung für diese Ungereimtheiten liegt in der Annahme, daß es sich in Mk 4,35 und Mk 6,45 sowie in Mk 8,13 und 8,22 um die Rückfahrt zu einem regelmäßigen Übernachtungsort in Beth-Saida handelt, das wegen seiner nordöstlichen Lage insbesondere das Westufer zum Gegenüber hat. Dies stimmt mit allen topographischen Hinweisen überein[16], denen gemäß die Landschaft in der Ebene Genezareth südwestlich von Kapharnaum der Ort der häufigen Zusammenkunft der Menge war, die Jesus lehrte, speiste und »entließ« (6,45).

15. Snoy, T. La Rédaction Marcienne de la Marche sur les eaux, ETHL 44 (1968), S. 210.
16. *G. Dalmann,* Orte und Wege Jesu, 3. Auflage; S. 91 ff.
Joachim Jeremias in XNW 35 (1936) S. 180 ff. sieht in: Dalmanuta (Mk 8,10) ein mißverstandenes Magdala.

Warum fuhr Jesus aber abends regelmäßig ans andere Ufer? Wenn der Evangelist uns Jesus immer wieder auf der Flucht von der Volksmenge schildert; wenn er an den See zurück »entweichen« mußte (3,7) und Herodes Antipas ihm nachzustellen begann (6,14–16), ja, wenn einige der Pharisäer ihn vor einem Mordanschlag des Herodes warnen mußten (Lk 13,31 ff.), so leuchtet es ein, daß ihm das Grenzdorf Beth-Saida, das außerhalb des herodianischen Machtbereiches lag, als Ausweichort diente, um von dort aus in täglichen Bootsfahrten die Volksmenge am westlichen Seeufer weiterhin zu betreuen.

Das Fischerdorf Beth-Saida am See Genezareth wurde um das Jahr 3 v. Chr. von Phillipus, dem Herrscher von Transjordanien, zu einer größeren Stadt ausgebaut und kurz danach zu seiner Hauptstadt gemacht. Da die Hafenstadt an einer wichtigen Handelsstraße lag, besaß sie eine Zollstation, eine markierte Grenze gegenüber dem benachbarten Galiläa und eine Festung, deren Ruinen bis heute auf ihre einstige Größe hinweisen.

Man fuhr von dort vier Kilometer auf dem See nach Kapharnaum, das von Herodes Antipas ebenso befestigt worden war. Da die Brüder Herodes Antipas und Philippus verfeindet waren, ist es wahrscheinlich, daß die Gegner des Herodes Antipas in Beth-Saida Zuflucht finden konnten, während sie in Galiläa als vogelfrei galten.

Dies mag auch erklären, warum Jesus seine ihm widerstrebenden Jünger »zwingen« mußte, ohne ihn nach Beth-Saida zu fahren (6,45), da sie ja um seine Gefährdung wissen mußten, der er sich wissentlich aussetzte, wenn er nachts allein am Westufer zurückblieb. Was er damit bezweckte; ob er sich auf den Berg zurückzog, »um zu beten« (6,46), oder, wie Johannes berichtet, um der Menge zu entweichen, die ihn nun »zum König (Messias) machen wollte«, (Joh 6,15) – das werden wir wohl nie erfahren.

Sicher ist aber, daß sein »Beten« zu Gott sich nicht mit seiner späteren (griechischen) Ver-Göttlichung vereinbaren läßt.

Weniger gesichert, aber nicht belanglos ist die häufige Betonung, daß Jesus sich »auf den Berg« zurückzog, was einen bestimmten, immer wieder als Zuflucht dienenden Berg anzudeuten scheint. (Joh 6,15; Mk 6,46; Lk 9,28; Mt 5,1 etc., etc.)
Nun heißt es aber bei Josephus Flavius, daß die »Räuber«, wie er die Zelotenkämpfer seines Zeitalters beschimpft, sich in Höhlen »auf Bergen« eingenistet hatten, von wo aus sie ihre Guerilla-Tätigkeit ausführen konnten. Herodes pflegte seine Söldner von den Berggipfeln an diese Höhlen herabzuseilen, wo sie mittels brennender Fackeln die Zeloten wiederholt ausräuchern konnten[17].
Doch all diese spärlichen Textfragmente erwecken mehr Neugierde, als sie befriedigen können. Aufs ganze gesehen muten sie wie die Spitze eines Eisberges an, der eine tieferschürfende Erforschung verdient.
Von Jesu Wirksamkeit in Galiläa entfällt ein großes Stück auf eine merkwürdige Zurückgezogenheit, ja, eine seltsame Scheu vor der Öffentlichkeit, die er zu meiden bemüht ist. Seine Fahrten scheinen nicht immer darauf angelegt, die umliegenden Gegenden mit seiner Predigt bekannt zu machen, sondern erwecken eher den Eindruck von wiederholten Versuchen, sich den Menschen zu entziehen.
Bezeichnend ist bereits sein Verhalten nach seinem ersten Auftritt in Kapernaum, nachdem er einen Besessenen, die Schwiegermutter des Petrus und »viele andere« Kranke (Mk 1,34) geheilt hatte. Am frühen Morgen danach, »als es noch sehr dunkel war, stand er auf, ging hinaus und *entwich* an einen einsamen Ort«. (Mk 1,35)
Wenn er dann auf die Frage des Petrus nach dem Grund seines »Entweichens« angibt, er müsse noch »anderswo« predigen (Mk 1,38), so paßt das schlecht zu der Eile und Heimlichkeit seines Aufbruches, der unter dem Schutz der Dunkelheit vor sich ging.

17. Josephus Flavius, Altertümer 14, 415. 421; Jüdischer Krieg I, 309ff.

Von nun an heißt es immer wieder:
»Er (Jesus) aber *entwich* in die Einöde ...« (Lk 5,16) – »Jesus war *entwichen*, weil eine große Volksmenge an dem Ort war« (Joh 5,13) – »Jesus *entwich* abermals auf den Berg, er allein« (Joh 6,15) – »Er brach auf und *entwich* in das Gebiet von Tyrus ...« (Mk 7,24) – »Und Jesus *entwich* mit seinen Jüngern *an den See*« (Mk 3,7) – »Als aber Jesus es (die Nachstellungen seiner Gegner) erkannte, *entwich* er von dort« (Mt 12,15) – »Und Jesus *entwich* von dort ...« (Mt 15,21) – »Und er verließ sie und *entwich*« (Mt 16,4).
Wenn wir wissen wollen, vor wem Jesus so häufig entweichen mußte, liefern uns die Synoptiker eine eindeutige, wenn auch hie und da versteckte Antwort. Vom Landesherrn des Nazareners heißt es:
»Herodes fürchtete Johannes (den Täufer), weil er wußte, daß er ein frommer und heiliger Mann war.« (Mk 6,20) (Herodes Antipas, der Sohn Herodes des Großen, heißt sowohl im Neuen Testament als auch auf seinen Münzen: Herodes.)
Hinter diesem lakonischen Satz verbirgt sich die in ganz Galiläa berüchtigte Sittenlosigkeit und brutale Realpolitik des Herodes Antipas, die bußfertige Theo-Politik des asketischen Charismatikers Johannes und, nicht zuletzt, die leidenschaftlichen Scheltpredigten, die der Täufer, nach Prophetenart, gegen Herodes Antipas und Herodias zu halten pflegte. Es war daher nur eine Zeitfrage, wann der Vierfürst »von Roms Gnaden« zuschlagen würde, um sich des unbequemen, aber populären und daher um so gefährlicheren Bußpredigers zu entledigen – was in der Tat auch bald geschah: »Herodes schickte hin und ließ Johannes im Gefängnis enthaupten.« (Mt 14,10)
Von Jesus wissen wir, daß er eine Zeitlang zur Schule des Täufers gehört hatte, von ihm getauft worden war (was einem Initiationsritus gleichkam) und später wortwörtlich den Text der johanneischen Bußpredigt übernahm (vgl. Mt 3,2 mit Mt 4,17).
Sobald Johannes in die Hände des Herodes gefallen war, heißt

es: »Als er (Jesus) aber gehört hatte, daß Johannes überliefert worden war, *entwich* er nach Galiläa ...« (Mt 4,12)
Was aber hatte die Gefangennahme des Täufers mit Jesu Entweichen zu tun? Naheliegend ist die Annahme, daß Herodes sich nicht mit der Ermordung des Täufers begnügte, sondern auch nach dem »harten Kern« seiner Intimfreunde und möglichen Fortsetzer der Johannes-Bewegung fahnden ließ. Und in der Tat heißt es gleich nach der Flucht Jesu:
»Von da an begann er (Jesus) zu predigen (mit den Worten des Täufers): Tut Buße, denn Das Reich Der Himmel ist nahe gekommen.« (Mt 4,17)
Wie Jesus fortan zur herodianischen Dynastie stand, verrät uns sein nur dünn chiffriertes Gleichnis von den anvertrauten Pfunden, das er in aller Öffentlichkeit erzählte:

»Ein hochgeborener Mann zog in ein fernes Land, um ein Reich für sich zu empfangen. Er berief aber zehn seiner Knechte und gab ihnen zehn Minen (eine Mine = 100 Silberdenare) und sprach zu ihnen: Handelt damit, bis ich zurückkomme. Seine Bürger aber haßten ihn und schickten eine Gesandtschaft hinter ihm her und ließen sagen: Wir wollen nicht, daß dieser über uns König ist. Und es geschah, als er zurückkam, nachdem er das Reich empfangen hatte, da ließ er diese Knechte, denen er das Geld gegeben hatte, zu sich rufen, um zu erfahren, was ein jeder erhandelt hätte. Es kam der erste und sagte: ›Herr, Deine Mine hat zehn Minen dazu gebracht.‹ Und er sprach zu ihm: ›Recht so, du guter Knecht. Weil du in Geringem treu gewesen bist, sollst du die Herrschaft über zehn Städte haben.‹ Der zweite kam und sagte: ›Herr, Deine Mine hat fünf Minen eingetragen.‹ Auch zu diesem sprach er: ›Auch du sollst über fünf Städte gebieten.‹ Und der andere kam und sagte: ›Herr, sieh, da ist Deine Mine, die ich in einem Schweißtuch verwahrt habe, denn ich fürchtete Dich, weil Du ein harter Mann bist. Du nimmst, was Du nicht angelegt, und erntest, was Du nicht gesät hast.‹ Er sprach zu ihm: ›Aus deinem Munde richte ich dich, du schlechter Knecht! Du wußtest, daß ich ein harter Mann bin, nehme, was ich nicht angelegt, und ernte, was ich nicht gesät habe. Warum hast du mein Geld nicht auf die Bank gegeben? Dann hätte ich es bei meiner Rückkehr mit Zinsen abgehoben.‹ Und zu den Um-

stehenden sprach er: ›Nehmt ihm die Mine und gebt sie dem, der die zehn Minen hat.‹ Und sie sagten zu ihm: ›Herr, er hat zehn Minen.‹ Ich sage Euch aber, jedem, der hat, wird gegeben werden; dem aber, welcher nicht hat, wird auch, was er hat, genommen werden.
Diese meine Feinde aber, die nicht wollten, daß ich König sei über sie, bringt sie hierher und machet sie vor meinen Augen nieder!« (Lk 19,12–27)

Wie jedermann im damaligen Galiäa wußte, ist die Rede hier von Archelaos, dem Sohn des Idumäers Herodes, dessen barbarische Blutherrschaft an der rabbinischen Aussage abzulesen ist: »Der Tag, an dem Herodes starb, wurde in Israel zum Festtag erklärt.« (Meggilat Ta'anit cap 9) Sofort nach Herodes' Tod brachen Aufstände und Unruhen aus, die Archelaos, noch ehe er seines Vaters Thron besteigen konnte, durch die Ermordung von 3,000 Juden im Tempelhof im Keime erstikken konnte. Josephus Flavius berichtet, »diese Juden wurden neben ihren Opfergaben hingeschlachtet, und der Tempel lag voll von Toten«. (Altertümer 17,9,5; Jüdischer Krieg II, 2,5)
Bald nach diesem Blutbad, das der Tyrannei seines Vaters in nichts nachstand, fuhr er nach Rom, um sich seine Herrschaft über Judäa bestätigen zu lassen – nach dem er »verläßliche« Statthalter einsetzte, die in seinem Sinne »Geschäfte machen« würden (Lk 19,13) – was einen durchsichtigen Hinweis auf seine rabiaten Steuereintreibungsmethoden enthält.
Bedenkt man diesen allgemein bekannten Hintergrund, so wird die beißende Ironie Jesu verständlich, mit der er schildert, daß »Wucher« (d. h. das Verhalten der Beamten des Archelaos in seiner Abwesenheit) sich ausgiebig »lohnt«.
Zur selben Zeit reisten fünfzig der »Ältesten Israels«, begleitet von 8000 Juden, »die ihn haßten«, als Gesandtschaft zum Kaiser in Rom, um ihn zu bitten, sie von einem »Königtum« zu befreien, das von Barbaren wie Herodes und Archelaos beherrscht würde. Doch vergebens. Augustus teilte das Reich des Herodes, indem er dem Archelaos Judäa, Samaria und Edom zuteilte, der Salome drei Städte gab, während Herodes

Antipas Galiläa und Peräa und sein Bruder Phillip Batanäa, Trachonitis und den Golan erhielten, zu dem das östliche Seeufer vom See Genezareth (samt der Stadt Beth-Saida) gehörte. Daß Archelaos ein harter Mann war, der wie sein Vater und sein Bruder Antipas »nahm, was er nicht angelegt hatte« (Lk 19,22), weist mit Sarkasmus auf die Habsucht und Geldgier hin, mit der er sein Fürstentum ein Jahrzehnt lang aussaugte, während der letzte Satz (Lk 19,27) scharfe Kritik »aus seinem eigenen Munde« (Lk 19,22) an der blutigen Rache übt, die Archelaos nach seiner Rückkehr aus Rom an seinen Gegnern begangen hatte. Jesus erzählte dieses »Gleichnis«, wie Lukas es verharmlosend bezeichnet, »weil er (Jesus) nahe bei Jerusalem war und weil sie (die Jünger) meinten, das Reich Gottes werde sogleich erscheinen«. (Lk 19,11)
Während der erste Grund – die Nähe zu Jerusalem – für die Erzählung dieser wahren Geschichte einleuchtet, die zwar rund 25 Jahre zurücklag, aber Archelaos, den einstigen Tyrannen von Judäa, betraf, bedarf der zweite Grund: die vermeintliche Nähe des Gottesreiches, einigen Nachsinnens.
Als Motivation Jesu käme die realistische Schilderung der politischen Zustände in Der Heiligen Stadt in Frage, die noch sehr weit vom ersehnten Gottesreich des Friedens und der Gerechtigkeit entfernt waren – um so den messianischen Übereifer seiner Jünger zu dämpfen.
Wenn dem aber so ist, hätte Jesus die politischen Entwicklungen nach der Absetzung und Verbannung des Archelaos durch die Römer im Jahre 6 n. Chr. weitererzählen müssen: Wie unter den nach Archelaos kommenden römischen Prokuratoren, deren Amt vor allem in der ökonomischen Plünderung des Landes bestand, das berüchtigte System der Steuerverpachtung eingeführt wurde, die den Pächtern das Recht gab, Steuerpflichtige zu foltern, das Vielfache von den legalen Steuern gewaltsam »einzutreiben«, um den Überschuß in die eigene Tasche zu stecken, und Steuerschuldner nach Gutdünken in die Sklaverei zu verkaufen. Wie nach den vier Landpflegern (Coponius, Marcus Ambibulus, Annius Rufus und Vale-

rius Gratus) der fünfte Prokurator Pontius Pilatus anno 26 alle seine Vorgänger in den Schatten stellte, indem seine Herrschaft durch »Bestechungen, hochmütiges und unverschämtes Benehmen, Unterdrückung, Räuberei, Demütigungen und häufige Hinrichtungen ohne Gerichtsverfahren sowie unaufhörliche, schreckliche Grausamkeiten« gekennzeichnet war, wie Philo von Alexandria berichtet (De Legatione ad Gaium, 38).

Josephus Flavius fügt dem hinzu, Pilatus habe absichtlich danach getrachtet, die religiösen Gefühle der Juden mit Füßen zu treten, »mit dem Ziel, die jüdischen Gesetze abzuschaffen«. (Altertümer 17,10,2 et al.)

All dies konnte der römische Bürger Lukas natürlich nicht in seinem Evangelium berichten, ohne Gefahr zu laufen, die junge Kirche als subversive Religion in den römischen Bann zu bringen. Und so blieb es bei der Erzählung von der Grausamkeit und der Korruption des Archelaos, den Jesus im Evangelium risikolos verpönen durfte, da ihn ja der Kaiser selbst anno 6 als Zeichen seiner Ungnade in die Verbannung geschickt hatte.

Wie dem auch sei, daß die Herodianer und ihre Spitzel solche (und ähnliche) Reden Jesu dem Herodes-Sohn Antipas brühwarm zutragen mußten, bedarf wohl keiner Erwähnung. Kein Wunder also, daß Lukas uns dann berichten kann: »Zur selben Stunde kamen etliche Pharisäer zu ihm (Jesus) und sprachen zu ihm: Gehe fort und entweiche von hinnen, denn Herodes will dich töten. Und er sprach zu ihnen: Geht hin und sagt diesem Fuchs ...« (Lk 13,31 f.) Wobei der Beiname »Fuchs« auf deutsch einem Kompliment für Schläue und Geriebenheit nahekommen mag, aber auf hebräisch und aramäisch eher wie »Schweinehunde« klingt, da der Fuchs, nach dem Schwein, zu den unreinsten Tieren zählt. Wenn daher Jeremia seinem Entsetzen über die Entheiligung des zerstörten Tempels beredten Ausdruck verleihen will, so seufzt er:

»Darum ist auch unser Herz krank, und unsere Augen sind trübe geworden, um des Berges Zion willen, weil er so wüst

liegt, daß die Füchse darüber streunen.« (Kl Lieder 5,17 f.)
Daß Jesu Gefühle seinem Landesherrn gegenüber vom letzteren in vollem Maße erwidert wurden, bestätigt uns wiederum Lukas – aus dem Munde des Herodes Antipas:
»Johannes, den habe ich enthauptet. Wer aber ist dieser (Jesus), von dem ich solches höre? Und er begehrte ihn zu sehen.« (Lk 9,9)
Worauf uns gleich der nächste Satz die verständliche Reaktion Jesu beschreibt:
»Und er (Jesus) nahm sie (seine Jünger) zu sich, und *entwich abseits* in eine Stadt, die da heißt Beth-Saida.« (Lk 9,10)
»Abseits« aber bedeutet: am jenseitigen (nordöstlichen) Seeufer, das außerhalb des Machtbereiches des Herodes lag. Wenn Beth-Saida als ein »abseitiger« Hafen Jesus und den Seinen Geborgenheit bieten konnte, so wird auch seine Vorliebe für Schiffe und See verständlich, die er häufig – insbesondere abends und des Nachts – als geschützten Standort einem Aufenthalt auf dem Festland des galiläischen Westufers vorzog.
»Jesus stieg nun in eines der *Schiffe*, das Simon gehörte, und bat ihn, ein wenig vom Land hinaus zu fahren, und er setzte sich und lehrte die Volksmenge vom *Schiff* aus.« (Lk 5,3)
»Und er *entwich* mit seinen Jüngern *an den See.*« (Mk 3,7)
»Und er sagte seinen Jünger, daß sie ... *ein Boot* bereit halten sollten.« (Mk 3,9)
»Und an jenem Tag sagt er zu ihnen: Laßt uns zum *jenseitigen Ufer* übersetzen ... Und sie nehmen ihn *im Schiff* mit, wie er war.« (Mk 4,35 f.)
»Und sie fuhren in *einem Schiff* allein an einen öden Ort.« (Mk 6,31)
»Und er ließ sie stehen, stieg *wieder in das Schiff* – und fuhr an das jenseitige Ufer.« (Mk 8,13)
»Und sogleich nötigte er die Jünger, *in das Schiff* zu steigen und ihm an das jenseitige Ufer vorauszufahren.« (Mt. 14,24; vgl. Mk 6,45)
»Und als Jesus es (vom Tod des Täufers) hörte, zog er sich von

dort in einem *Schiff abseits* an einen öden Ort zurück.« (Mt 14,13)

Ein weiteres Indiz für Jesu notgedrungene Wanderschaft finden wir in seinem Plädoyer zur Verteidigung der Jünger, die am Sabbath in Galiläa Ähren gerauft hatten, um auf diese mühselige Weise ihren Hunger zu stillen. Zu ihren Anklägern sagt Jesus:

»Habt ihr nicht gelesen, was David tat, als er Hunger hatte mitsamt seinen Gefährten? Wie er in das Gotteshaus hineinging und sie die Weihbrote aßen, was weder ihm noch seinen Gefährten, sondern allein den Priestern erlaubt ist?« (Mt 12,3–4)

Worauf sich Jesus berief, war folgende Stelle im 1. Buche Samuel: »Und als David nach Nob kam, zum Priester Achimelech ..., fragte er ihn: Hast du etwas bei der Hand, etwa fünf Brote oder was sonst vorhanden ist? Das gib mir in meine Hand! Der Priester antwortete David: Ich habe kein gewöhnliches Brot bei der Hand, sondern nur heiliges Brot ... (doch da es David und die Seinen hungerte) gab ihm der Priester von dem heiligen Brot, weil kein anderes da war als die Weihbrote, die man von dem Altar Des Herrn nur wegnimmt, um frisches Brot aufzulegen.« (I Sam 21,2ff.)

An denselben Priestern nahm König Saul später blutige Rache, da sie seinen Feind David versorgt hatten, indem er »85 Männer, die den leinenen Priesterschurz trugen«, erschlagen ließ. (I Sam 22,18)

Auf diese allen bekannte Episode aus den streitbaren Jugendjahren Davids bezieht sich Jesus nach den Grundregeln der rabbinischen Analogie. Die beiden Hälften seines Vergleiches müssen also in ihren drei Hauptzügen übereinstimmen, um Beweiskraft zu haben: Im Wer? Im Was? Und im Wie?

Wer: Das ist David und seine Gefolgsleute, die mit Jesus und seinen Jüngern verglichen werden.

Was: Das sind die heiligen Weihbrote und die Getreidekörner des sabbatlichen Ährenraufens; beides also Speisen, die unter normalen Umständen nicht verzehrt werden sollten. Die

Frage, warum sie aber dennoch verzehrt werden dürfen, beantwortet das
Wie der außerordentlichen Umstände, die beiden Gruppen gemeinsam sind, nämlich: die Flucht vor Machthabern und die Lebensgefahr, die ihnen nur diese einzige Art der Hungerstillung ermöglicht. So heißt es in der rabbinischen Überlieferung, daß der Vorfall mit den Weihbroten am Sabbath stattfand (bMenachot 95b), und läßt David zum Priester sagen: »Gib mir, damit wir nicht des Hungers sterben, denn Lebensgefahr verdrängt den Sabbath.« (Jalkut zu I Sam 2,21,5)
Nur wenn die Lebensgefahr als dritter Vergleichspunkt für Jesu Jünger genau so zwingend war wie einst für David und seine verfolgten Mitstreiter, ist Jesu Plädoyer stichhaltig und einleuchtend.
Diese unvermeidliche Schlußfolgerung wirft neues Licht auf das Jesuswort: »(sogar) die Füchse haben Höhlen und die Vögel des Himmels haben Nester, aber der Menschensohn hat nicht, wo er das Haupt hinlege.« (Mt 8,20)
So wehmütig kann nur ein Flüchtling sprechen, der aus Furcht vor seinen Verfolgern jede feste Bleibe scheuen muß.
Nach all diesem Wegziehen, Entweichen, diesen fluchtartigen Schiffahrten läßt sich nun die Kardinalfrage nicht mehr vermeiden: Warum wurde Jesus von Herodes (und den Römlingen) so hartnäckig verfolgt, als wäre er ihr militanter Gegner oder gar ein Widerstandskämpfer? Gibt es Gründe, um ihn des Zelotentums zu verdächtigen? Oder war er nur ein friedlicher Wanderprediger, der zu Unrecht politischer Machtansprüche, wie etwa der Messianität, bezichtigt worden war?
Um einer Antwort auf diese Fragen näher zu kommen, müssen wir uns die Umstände vorstellen, in denen die vier Evangelien in ihrer heutigen Fassung niedergeschrieben wurden – geraume Zeit nach dem Jahre 70, also 40–60 Jahre nach den Ereignissen, die sie beschreiben. Drei hauptsächliche Faktoren prägten den Zeitgeist der jungen Kirche zu Ende des 1. Jahrhunderts:
Jerusalem lag zerstört; das Judenvolk war besiegt, zerstreut

und als Aufrührer und Störenfried im ganzen Römerreich verpönt. Es war illegal und gefährlich damals, einen jüdischen Messias zu predigen, der den schändlichen Kreuzestod eines Umstürzlers gestorben war. Jesu Judesein und seine römische Hinrichtung – dies waren die beiden Steine des Anstoßes, für jedwede Verbreitung des neuen Glaubens; ein fast unüberwindliches Doppelhindernis für den Erfolg der Heidenmission. Es war daher eine Lebensfrage für die Evangelisten, mit allen Mitteln der Stilistik und Redaktionskunst die Verantwortung der Römer für den Tod ihres Heilands auf ein Minimum zu reduzieren, nur um die Schuld der ohnehin schon als Rebellen verpönten Juden – als Feinde Jesu, seine Denunzianten, Häscher, Ankläger und Verurteiler – so schwer wie möglich erscheinen zu lassen. Nach der Verschärfung der neronischen Verfolgungen gegen die junge Kirche (anno 64), nach dem Ausbruch der Kriegswirren in Judäa (anno 66), nach der blutigen Niederwerfung des jüdischen Aufstandes, dem höchstwahrscheinlich auch die Mutterkirche in Jerusalem zum Opfer fiel (anno 70), *mußte* das Bedürfnis, die staatlichen Behörden Roms zur Duldung der neuen Religion zu bewegen, alle Maßnahmen der Kirchenführer ausschlaggebend beeinflussen. Zentral in diesem verständlichen Bemühen um die Gunst der Staatsmacht, deren Vertreter es ja gewesen war, der Jesus ans Kreuz schlagen ließ, war die in den Evangelien nun zu Recht redigierte Schilderung der Römer als edel, gütig und gerecht; der Juden hingegen als boshaft, jesusfeindlich und verräterisch, aber vor allem von Jesus selbst als dem friedliebenden und romfreundlichen Heilsbringer, der nicht das geringste mit Politik – geschweige denn jüdischer Befreiungspolitik – zu tun haben konnte oder wollte.
Im großen und ganzen ist diese Umfunktionierung gelungen, doch hie und da wird die Rollenverschiebung allzu plump betrieben; die Widersprüche mehren sich, die Unwahrscheinlichkeiten befremden den Sachkundigen – und der aufmerksame Leser kann bald nicht umhin, mit Torquato Tasso festzustellen: »Man merkt die Absicht und man wird verstimmt.«

Um so mehr, als an manchen Stellen Stücke der ursprünglichen Berichte die griechische Übertünchung durchbrechen. So z. B. fallen auf Anhieb Jesu negative Haltung gegenüber den Machthabern auf, seine komplexe Beziehung zu den Zeloten, den erbittertsten Gegnern der Römerherrschaft, und sein Tod, den die politische Besatzungsmacht veranlaßt. Kein Wunder also, daß O. Cullmann die zelotische Herkunft etlicher Jesusjünger nachweisen konnte. Er schließt seine Untersuchung mit der Feststellung:

»Sicher gehörte einer unter den Zwölfen zu den Zeloten, Simon der Zelot. Wahrscheinlich aber auch andere, wie Judas Iskariot, Petrus und vielleicht die Zebedäussöhne.«[18]

Unter den drei Erklärungen seines dreifach verschiedentlich berichteten Beinamens »Iskariot« in Mk 13,19; der »Iskariote« in Mt 10,4 und »der Sohn des Simon Iskariot« in Joh 6,71) leuchtet die aramäische Verballhornung des lateinischen »sicarius« am ehesten ein. So nannten die Römer jene Zeloten, die sich ihrer Gegner durch den Kurzdolch (sica) entledigten. Spuren dieser »Dolchmänner« finden wir sowohl im Talmud[19] als auch im NT selbst: »Bist du nicht der Ägypter«, so fragt der römische Oberst Paulus in Jerusalem (Apg 21,38), »der unlängst einen Aufstand angefacht und 4000 Sikarier in die Wüste hinausgeführt hat?« Daß Judas zu diesen »Eiferern« (d. h. Zeloten) gehört haben mag, bestätigt uns die altlateinische (Vetus Latina) Übersetzung der Evangelien, die nicht nur Judas Iskariot als »Judas den Zeloten« wiedergibt, sondern auch »Simon, den Kanaanäer« als »Simon, den Zeloten« entlarvt. Der letztere liefert ein Musterbeispiel für die Entpolitisierungstendenz des Markus, der ihn in der Tat »Simon den Kanaanäer« (Mk 3,18) nennt – ein Volk, das zu Jesu Lebzeiten längst aus der Weltgeschichte verschwunden war.

Markus, der ansonsten alle Semitismen für seine heidnischen

18. *O. Cullmann,* Der Staat im Neuen Testament, Tübingen 1956, S. 5–15.
19. bGittin 56a; Bikkurim I, 2.

Leser übersetzt und erklärt, schweigt diesmal – mit gutem Recht. Denn hier handelt es sich mit Sicherheit um die absichtliche Verzerrung der aramäischen Bedeutung für die Zeloten, nämlich »Kana'ana«. In den Worten von E. Klostermann: »Er ist nicht ein Kanaanäer ... noch ein Einwohner des Dorfes Kana ..., sondern ein Kana'ana, das heißt ein Angehöriger der Zelotenpartei.«[20]
Doch auch der Beiname »Barjona«, den Petrus von Jesus erhält (Mt 16,17), scheint mit der Übersetzung »Sohn des Jonah« eine Verharmlosung erfahren zu haben, denn im Aramäischen des 1. Jahrhunderts bedeutete er ein Mitglied der Kriegspartei[21], ein Rebell, ein Geächteter oder einer, der »draußen«, außerhalb des Siedlungsgebietes hausen mußte. In diesem Zusammenhang fällt der Satz auf:
»Er (Jesus) konnte nicht mehr öffentlich in die Stadt gehen, sondern er war *draußen* an einsamen Orten.« (Mk 1,45)
Wie dem auch sei, Martin Hengel schreibt in seinem Standardwerk »Die Zeloten«:
»Man könnte daraus schließen, daß Barjona ... eine feste, ursprüngliche Bedeutung für die Zeloten war.«[22]
Hinzuzufügen ist, daß Jakobus und Johannes, die Söhne des Zebedäus, »Boanerges« benannt wurden, was Markus (3,17) sinngemäß mit »Donnersöhne« wiedergibt. Daß sich hinter diesem Beinamen ihre offensichtlich wohlbekannte Neigung zu Gewalttaten verbirgt, bezeugt ihr einziger Auftritt im NT, indem sie Jesus vorschlagen, die ungastlichen Samaritaner nach dem Faustrecht zu züchtigen (Lk 9,54).
Judas, den Oscar Cullmann einen »Widerstandskämpfer, einen Zeloten« nennt[23], scheint also in guter Gesellschaft gewesen zu sein.

20. *E. Klostermann,* Das Markus-Evangelium, 1950 (HNT) S. 35.
21. bBer 10a; Ta'an 23b; Sanh 37a.
22. *Martin Hengel,* Die Zeloten, Leiden 1961, S. 355.
23. *O. Cullmann,* Jesus und die Revolutionäre seiner Zeit, Tübingen 1970, S. 16ff.

Die Tatsache, daß ein Drittel der Jünger Jesu aus dem Lager der radikalen Patrioten kam, wirft neues Licht auf andere Einzelheiten im Evangelium.
So z. B. fällt auf, daß Jesu Prozeß von Pilatus in Verbindung mit Barabbas gebracht wird, der »mit den Aufständischen festgenommen worden war, die bei einem Aufruhr einen Mord begangen hatten« (Mk 15,7); daß Jesus seinen Jüngern rät, »wer nichts hat, verkaufe seinen Mantel und kaufe ein Schwert« (Lk 22,36); daß er imstande war zu erklären: »Meinet nicht, ich sei gekommen, Frieden auf die Erde zu bringen, ich bin nicht gekommen, Frieden zu bringen, sondern das Schwert« (Mt 10,34); daß er »die Zöllner«, die als Steuerpächter der Römerherrschaft vom Volk als Kollaborateure verhaßt waren, regelmäßig in die Gruppe der Sünder einreiht (Mt 9,10; 21,31; Lk 5,30; Lk 7,34); daß er Gewalt anwendet, um den Tempelvorhof zu reinigen (Mt 21,12; Mk 11,15–16; Lk 19,45, Joh 2,14–15), und die Sadduzäer sich dessen bewußt sind, daß er ihre offizielle Machtposition gefährdet (Mk 11,18; Lk 19,47–48); daß seine sozialpolitische Kritik sich durch eine frontale Opposition gegen die Reichen und die Mächtigen sowie durch eine radikale Entscheidung für die Armen profiliert; daß Aussagen wie: »Ich bin gekommen, Feuer auf die Erde zu werfen, und wie wünschte ich, daß es schon entfacht wäre!« (Lk 12,49) – und: »Wenn jemand ... nicht Vater und Mutter und Weib und Kinder ... und dazu sein eigenes Leben haßt, kann nicht mein Jünger sein« (Lk 14,26) und das fünffach wiederholte Wort vom Kreuz: »Nur der, der sein Kreuz zu tragen bereit ist, soll mir nachfolgen« (Mk 8,34; Mt 10,38; 16,24; Lk 9,23; 14,27)
entweder in Zelotenterminologie formuliert sind oder einen unverkennbaren zelotischen Beigeschmack haben.
Daß seine Antwort auf die Steuerfrage für jüdische Ohren wie ein Aufruf zum gewaltlosen Widerstand klingt (»gebt nun *zurück* das vom Kaiser dem Kaiser ...« Mt 22,21; Mk 12,17 und Lk 20,25); daß »die Freiheit der Söhne (Israels)«, die er betont, wie eine Verweigerung der Steuerzahlung klingt (Mt

17,26); daß »niemand zwei Herren dienen kann« (Mt 6,24) – eine Aussage, die im Konfliktfall zwischen Gottesrecht und Staatsrecht zu einer deutlichen Absage an den Kaiser und seine Herrschaft führen muß; daß er in Lk 22,25 mit beißender Ironie von der Sitte der römischen Herrscher spricht, die zwar »Gewalt anwenden«, sich aber dennoch »Wohltäter« nennen lassen; daß Jesus mit seinen Jüngern nach dem letzten Abendmahl, das er traditionsgemäß »innerhalb der Stadtmauern Jerusalems« (Men 7,3; Pess 63b) gefeiert hatte, die Stadt verließ und »hinausging« zum Ölberg (Mt 26,30 et par).
Warum er dies zu später Nachtstunde tat, erklärt David Flusser: »Ganz offensichtlich fürchtete er sich vor der Festnahme ... Aus diesem Grund wollte er nicht in der Stadt bleiben, wo er ständig in Gefahr stand, verhaftet zu werden.« (Die letzten Tage in Jerusalem; Stuttgart 1982, S. 79); – daß es in Gethsemane eine römische Kohorte unter dem Kommando eines Obersten ist, die Jesus festnahm (Joh 18,3.12), so daß er von Anfang an ein Gefangener der Römer war; und letzten Endes, daß sein Prozeß auf *politischen Anklagen* beruhte (Lk 23,2); daß der Titulus über dem Kreuz auf die *politische* Schuld der Thronprätention als Hinrichtungsgrund hinweist (»König der Juden« laut Mt 27,37; Mk 15,26; Jo 19,19); daß er zwischen zwei »Räubern« gekreuzigt wurde, die keineswegs Banditen waren, sondern Zeloten, die von den Römern als »Schächer« verleumdet wurden, und daß er in den Händen der *politischen* Machthaber starb, die das jüdische Volk unterdrückt hielten.
Aus all diesen Mosaiksteinchen ergibt sich kein vollständiges Jesusbild, wohl aber ein zweifach negativer Tatbestand: Er war genausowenig ein Zelot oder gar ein galiläischer Bandenführer – dazu sind seine Worte gegen Gewalt und für den Frieden zu zahlreich und zu überzeugend –, wie er auch kein absoluter Pazifist oder Jenseitsprediger war.
Die Konturen, die sich bruchstückweise gegen den Hintergrund eines unterjochten und nach Freiheit dürstenden Volkes abzeichnen, ergeben aber das Porträt eines militanten Theopo-

litikers; eines Revolutionärs der streitbaren Liebe, der weder die aufgezwungene Auseinandersetzung noch die begrenzte Gewalt scheut, wenn diese der letzte Ausweg bleibt, um das von Gott geschenkte Leben und die Menschenwürde der Gottesebenbildlichkeit vor der Willkür der Tyrannen zu verteidigen.

Daß solch eine Einstellung unvermeidlich zum Konflikt mit den Herodessöhnen und ihren Alliierten, den Römern, führen mußte, ist eine historische Selbstverständlichkeit.

Jesus, der von sich gesagt hat: »Ich war hungrig ... ich war durstig ... ein Fremder ... ich war krank ... in Gefangenschaft» (Mt 25,35 ff.), mag mit diesen Worten kein Gleichnis vom Weltgericht gemeint, sondern ganz unverblümt seine Biographie umrissen haben: die ewige Bürde eines Flüchtlingsdaseins, das von seiner armseligen Geburt bis hin zum Qualentod am Heidenkreuz geführt hat. Ein lebenslanger Opfergang eines Liebesrebellen, der sein selbsterwähltes Pariaschicksal mit dem Elendslos der »Geringsten unter seinen Brüdern« verband.

So war also der dornengekrönte Schmerzensmann von Golgatha, der gekreuzigte Gottesknecht der Passionsgeschichte schon vom Anfang seiner öffentlichen Tätigkeit an ein Verfolgter, »der nicht hat, wohin er sein Haupt legen kann« (Mt 8,20; Lk 9,58); ein Dulder, der mit seinem Volke litt und der der Gerechtigkeit Gottes zuliebe das Joch der Leiden auf sich nahm, um seinen geschundenen und ausgebeuteten Brüdern das Himmelreich auf Erden näher zu bringen.

Das ist die letztgültige Wahrheit, die sich hinter der Episode vom sogenannten Seewandel verbirgt. Ansonsten erzählt sie vordergründig davon, wie Jesus seine Jünger nach Beth-Saida vorausrudern ließ, um allein etwas zu vollbringen (was es war, werden wir wohl nie erfahren), was seiner Sendung dienlich war; wie er dann die Seeküste entlang eilte, um zu Fuß die Sicherheit des Hafens am Ostufer zu erreichen; wie er von seinen verängstigten Jüngern im stürmischen Nachtgewitter für ein Gespenst gehalten worden war – bis er sich ihnen zu erken-

nen gab und alle letztlich gemeinsam zu früher Morgenstunde ihr Reiseziel erreichen konnten.
Was später diesem Tatsachengerüst in frommer Nachdichtung und gläubiger Ausschmückung hinzugefügt worden war, ist sicherlich theologisch und religionswissenschaftlich interessant, hat aber mit Jesu ursprünglichem Wandeln entlang dem Seeufer in Galiläa nur wenig zu tun.

Das Vaterunser – ein christliches oder ein jüdisches Gebet?

»Es gibt nichts in den Evangelien, was uns sicherer sagt, was Evangelium ist ... als das Vaterunser ... Es ist das christlichste aller Gebete.« So schrieb der bekannte Theologe Adolf von Harnack zu Beginn unseres Jahrhunderts. Sein Kollege Julius Wellhausen war anderer Meinung:

»Das wahre Gebet ist die Schöpfung der Juden, und auch das Vaterunser folgt jüdischen Vorbildern.«

Ihm widerspricht wieder Eberhard Bischoff, der behauptet, daß von den Anfangsworten »Vater unser« bis zum »Amen« das »Gebet des Herrn ... eine vollkommene Neuschöpfung sei«.

Ist Jesus mit diesem Gebet aus dem Rahmen seines Judentums gefallen?

In der christlichen Exegese wird diese Frage noch immer häufig bejaht, wie zum Beispiel bei J. Becker, der schreibt:

»Die ersten Bitten sind am kommenden Gott ausgerichtet; die restlichen erbitten für den Menschen das Nötige angesichts der endzeitlichen Situation. Der kommende Gott wird nicht heilsgeschichtlich prädiziert, sondern unheilig-alltäglich angeredet, mit der vertrauten Kindersprache ... so sammelte der Jesus, der seine Brüder beten lehrte, unter Mißachtung geltender Grenzen zwischen Gerechten und Sündern gerade diejenigen, die das offizielle Judentum ausstieß.«

Fazit: »Jesu Gottesbild lag quer zum Judentum und kollidierte mit der Verwurzelung des Judentums in Israels Heilsgeschichte, weil die konstitutive Funktion des Futurums in der Verkündigung Jesu die jüdische Heilsgeschichte außer Kurs setzt.« (J. Becker, Das Gottesbild .., Tübingen 1975, 107ff.)

Gott sei Dank denken viele christliche Theologen anders. Sie sehen, wie Franz Mussner, »in Dem Gott, Den Jesus verkündigt, gerade Den Gott Israels, Den Gott Abrahams, Isaaks und Jakobs, zu Dem sich Je-

sus öffentlich bekannt hat. (Vgl. Markus 12,26)« (Traktat über die Juden, München 1979, 202)
Oder sie entdecken mit Alfons Deissler gerade im Vaterunser »überraschend viele Verbindungslinien zwischen dem Glauben und Beten Israels einerseits und dem ›Gebet des Herrn‹ andererseits.« (Der Geist des Vaterunsers im alttestamentlichen Glauben und Beten, Freiburg 1974, 149)

Für den Judaisten gilt im allgemeinen die Regel, daß Kirchengebete um so jüdischer in ihrem Glaubenskern und ihrer Formulierung sind, je weiter man sie auf ihre Urquellen zurückverfolgen kann. Im Falle des Vaterunser, des einzigen Gebetes, das Jesus selbst seine Jünger lehrte und der Nachwelt hinterließ, darf festgestellt werden, daß es wie eine Blütenlese aus dem Gebetbuch der Synagoge anmutet. Was anderes wäre auch von einem frommen Juden zu erwarten gewesen, der in den Evangelien nicht weniger als vierzehnmal als »Rabbi« angesprochen wird?!
Wie bekannt, berichten nur zwei Evangelisten, daß Jesus seine Jünger ein eigenes Gebet gelehrt habe: Matthäus (6,9–13) und Lukas (11,2–4). Bei Lukas geschieht dies auf die Bitte der Jünger, die sich auf den Präzedenzfall der Johannesjünger berufen. Im Wortlaut des Evangeliums:
»Und es begab sich, daß er an einem Orte betete. Als er geendet hatte, sagte einer der Jünger zu ihm: Herr, lehre uns beten, wie auch Johannes seine Jünger gelehrt hat.« (Lk 11,1)
In diesem Brauch, die Jünger ein ureigenes Gebet zu lehren, das dann die althergebrachte Liturgie bereicherte, war weder Johannes noch Jesus einzigartig. Wir wissen aus der jüdischen Überlieferung von sechs Rabbinen, die solche Jüngergebete verfaßt haben – aber sicherlich hat es derer mehr gegeben. Als Meister eines Jüngerkreises war es also für Jesus so gut wie selbstverständlich, dieser Gepflogenheit Folge zu leisten – und zwar in einem Gebet, das einer Kurzfassung seiner ganzen Lehre gleichkommen sollte.
Indem wir im Geiste zurücksteigen in Jesu »Sitz-im-Leben«,

könnten wir das Vaterunser auch als Stoßseufzer im Notstand verstehen; ein Kurzgebet, dessen theopolitische Implikationen für damalige Juden zwar stillschweigend, aber ganz unüberhörbar mitschwingen mußten:
Dein Wille werde getan – und nicht der des Heidenkaisers;
Versuche uns nicht – zu den Waffen zu greifen;
Dein Reich komme – und das Römerreich vergehe!
Denn Dein ist das Reich und die Kraft ...
Und nicht in der Gewalt der fremden Tyrannen ...!
Im Talmud heißt es:
»Wer an einen Ort der Gefahr geht, bete ein kurzes Gebet« – worauf vier Beispiele folgen, die allesamt Affinitäten mit dem Vaterunser aufweisen.
Rabbi Elieser sagte: »Tu Deinen Willen droben und spende hinieden Gunst denen, die Dich fürchten – und tu, was gefällig ist in Deinen Augen ...«
Rabbi Jehoschua sagte: »Erhöre den Hilferuf Deines Volkes Israel und erfülle bald ihr Verlangen nach Erlösung ...«
Rabbi Elieser ben Zadok sagte: »Gepriesen seist Du, Herr, Der Du das Gebet erhörst« – was in vier hebräischen Worten wohl einen Weltrekord an lakonischer Kürze darstellt.
Andere sagen: »Der Bedürfnisse Deines Volkes Israel sind viel; ihr Wissen aber gering. Möge es Dein Wille sein, Herr, daß Du jedem einzelnen Erwerb und jedem Körper Genüge nach seinen Bedürfnissen gewährst.« (Ber 29b)
Verglichen mit diesen vier Notgebeten muß zugegeben werden, daß das Vaterunser in seiner Kompaktheit, inneren Logik, lakonischen Kürze und profunden Frömmigkeit nicht viele seinesgleichen in der gesamten Liturgie des Judentums hat. Was seinen jüdischen Mutterboden betrifft, gilt wohl das Wort der deutschen Bischöfe in ihrer jüngsten Erklärung (28. April 1980) »Über das Verhältnis der Kirche zum Judentum«. Dort heißt es:
»Das Vaterunser ist ... besonders was die Vateranrede betrifft, aus den Gebetsanliegen des Judentums heraus geformt. Auch der fromme Jude ruft nach dem Kommen des Gottesrei-

ches, wünscht die Heiligung des ›Namens‹ und bemüht sich um die Erfüllung des Willens Gottes.«
»Er betet um das tägliche Brot, die Vergebung der Sünden und die Bewahrung von Anfechtungen.«
Soweit das katholische Episkopat der Bundesrepublik (Bonn, 28. April 1980, S. 10f.).
Um die Folgerung aus diesen Worten der Bischofskonferenz zu ziehen: Jeder bibelfeste Jude könnte eine Zweitfassung des Vaterunsers aus seinem Glaubensgut zusammenstellen, die mit dem Jesus-Gebet inhaltlich so gut wie identisch wäre – ohne ein einziges Jesuswort zu benötigen.
Das könnte dann folgendermaßen lauten:

Ein Vaterunser-Text aus rabbinischen Quellen

Vater unser, Der Du bist im Himmel[1];
Geheiligt werde Dein erhabener Name in der Welt, die Du geschaffen hast nach Deinem Willen
Es komme bald herbei und werde von aller Welt erkannt Dein Reich und Deine Herrschaft, auf daß Dein Name gepriesen werde in alle Ewigkeit[2].
Dein Wille werde getan im Himmel, und auf Erden gib Ruhe des Gemütes denen, die Dich fürchten, im übrigen tue, was Dir wohlgefällt[3].
Laß uns genießen das uns täglich zugemessene Brot[4].
Vergib uns, unser Vater, denn wir haben gesündigt[5];

1. Eine im jüdischen Gebetbuch (Siddur) übliche Anrede; auch: Sota 9,16; Ber 32b; I Chron 29,10; Jes 63,16 und 64,7; Seder Eliahu R. 7,28; Tanna de be Eliahu 21.
2. Im Kadisch, in der Keduschah und im Achtzehnergebet des täglichen Gottesdienstes (Siddur) nach Ez 38,23.
3. Tosephta Berachot 3,7; Ber 29b. Vgl. I Sam 3,18.
4. Sprüche 30,8 Mechilta zu Ex 16,4, Bezah 16a.
5. Aus dem täglichen Achtzehnergebet.

Vergib auch allen, die uns ein Leid zugefügt[6], wie auch wir allen vergeben[7].
Und lasse uns nicht in Versuchung kommen, sondern halte uns fern von allem Übel[8].
Denn Dein ist die Größe und die Kraft und die Herrlichkeit, der Sieg und die Majestät, ja alles im Himmel und auf Erden. Dein ist das Reich und Du bist aller Wesen Herr[9] in Ewigkeit! Amen.

Wir kennen das Vaterunser in drei Fassungen: zwei in den beiden letzten synoptischen Evangelien und eine dritte im außerkanonischen Evangelium des Marcion.

Das Matthäusevangelium hat drei Formulierungen, die im Lukasevangelium fehlen: den Nebensatz am Beginn: »Der Du bist in den Himmeln« (im Hebräischen ist »Himmel« immer Mehrzahl), die dritte und die siebente Bitte. Der Schlußsatz, der sich hier als Lobpreisung Gottes findet, ist in den ältesten Handschriften des Matthäus nicht vorhanden; er ist wahrscheinlich erst aus der Liturgie des Gemeindegottesdienstes in das Gebet übernommen worden; wie früh er hier schon seinen Platz hat, bezeugt ein christlicher Katechismus aus der ersten Hälfte des 2. Jahrhunderts, die sogenannte »Apostellehre«, in der unter geringer textlicher Abweichung das Vaterunser bereits diesen Schlußsatz hat (Didache 8,2). Schließlich weist die Fassung des Gebetes, die Marcion, in der Mitte des 2. Jahrhunderts, und andere nach ihm vorlegen und die im großen und ganzen mit der des Lukas übereinstimmt, als Anfangssatz nicht auf: »Geheiligt werde Dein Name«, sondern: »Es komme Dein heiliger Geist und reinige uns« – eine Form, die gewiß auf das gnostische Glaubensstreben dieses Mannes zurückzuführen ist. Das Gebet, das schon der alten Christenheit

6. Megilla 28a.
7. Mischnah Joma (Schluß). Vgl. Tosephta Taanith 1,8, Taanith 16a.
8. Aus dem täglichen Morgengebet im Siddur. Vgl. Berachot 16b; 17a; 60b; Sanhedrin 107a; Kidduschin 81b.
9. I Chron 29,11–13.

so bedeutungsvoll war, hat also nur in zwei von den kanonischen Evangelien eine Stelle, von denen die Fassung, die Matthäus bringt, sich mit Recht als Leitgebet aller Christen eingebürgert hat. Jesus hat es sicherlich nicht aus dem Stegreif »erfunden«, es dürfte nicht die Frucht einer plötzlichen Eingebung gewesen sein. Aller Wahrscheinlichkeit nach ist es aus dem Glaubensschatz seines Volkes und aus seinen ureigenen Gotteserfahrungen zusammengewachsen, hat in seinem Herzen Wurzeln geschlagen, bis es eines Tages »gebetreif« war.
In der Bergpredigt, während er sich im heimatlichen Galiläa aufhielt, lehrt Jesus die Jünger »die rechte Art zu beten«, wobei er dem Vaterunser drei Regeln vorausschickt: absolute Redlichkeit, Verzicht auf alle Zurschaustellung und: kein unnötiger Wortschwall.
Indem Jesus den täglichen jüdischen Gottesdienst bejaht, übt er scharfe Kritik an aller Scheinheiligkeit (Mt 6,5). Indem er die öffentliche Frömmelei verpönt, empfiehlt er das leise »Gebet im verborgenen« (Mt 6,6). Indem er vor dem »Geplapper der Heiden« warnt, erinnert er an die Allwissenheit Des Himmlischen Vaters. (Mt 6,7 f.)

»Vater«

Woher stammen die einzelnen Fürbitten des Vaterunsers? Die Vateranrede kommt Jesus aus den Propheten und aus seinem täglichen Morgengebet. Die »Du-Bitten« um Die Heiligkeit Des Namens und das baldige Kommen Der Gottesherrschaft und um das Getan-Werden Seines Willens sind ihm aus dem Kaddisch-Gebet vertraut. Die »Wir-Bitten« des zweiten Teils erinnern vor allem an das tägliche Achtzehner-Gebet der Synagoge, das zur Morgenandacht gehört. Vieles ist hier knapper gesagt; anderes wurde weggelassen, aber in jedem Wort spiegelt sich Jesu gläubig-jüdisches Weltbild wider.
Dieser Hebräergeist beginnt schon bei den ersten beiden Worten, die dem Gebet seinen volkstümlichen Namen gegeben haben. Auf die Frage, was richtiger sei, »Unser Vater« oder »Va-

ter unser« zu übersetzen, muß geantwortet werden, daß beides nach deutschen Sprach-Gesetzen gleicherweise unmöglich ist. Auf deutsch kann einer seinen Vater nur mit dem Vokativ »Vater!«, nicht aber »Mein Vater« oder »Unser Vater« anreden. Schon diese Übersetzungsschwierigkeit weist darauf hin, daß dieses Gebet in der Muttersprache der hebräischen Bibel beheimatet ist.
»Vater unser«, die Worte, mit denen Matthäus Jesu Gebet beginnen läßt, sind nichts anderes als eine allzu wörtliche Verdeutschung des hebräischen »Awinu« – die im frommen Judentum übliche Anrede für Den Schöpfer des Weltalls.

So zum Beispiel läßt Gott schon dem Pharao kundtun: »Israel ist Mein erstgeborener Sohn.« (Ex 4,22) Mose singt von Gott in seinem Danklied: »Ist Er nicht dein Vater, dein Schöpfer?« (Dt 32,6) Und bei Maleachi heißt es, gut ökumenisch: »Haben wir nicht alle Einen Vater? Hat nicht Ein Gott uns erschaffen?« (Mal 2,10)
Doch da noch immer von namhaften Theologen behauptet wird, der Gedanke der Väterlichkeit Gottes gehöre zum Sondergut des Nazareners, mögen folgende Stellen den Gegenbeweis erbringen:
»Wie sich ein Vater über seine Kinder erbarmt, so erbarmt Sich Der Herr über die, die Ihn fürchten.« (Ps 103,13f.)

»Israel ist Mein Sohn, mein Erstgeborener.« (Dt 14,1f.)

»Vater bin Ich Israel, und Ephraim ist Mein Erstgeborener.« (Jer 31,9)

»Riefest du (Israel) Mir nicht eben noch zu: ›Mein Vater, Der Freund meiner Jugend, bist Du doch!‹« (Jer 3,4f.)

»Ich hatte gedacht:
Unter die Söhne will Ich dich (die Tochter Israels) setzen
Und dir ein liebliches Land schenken . . .
Und Ich meinte, du würdest Mich ›mein Vater‹ nennen,
Dich nicht von Mir abwenden.« (Jer 3,19f.)

»Du bist doch mein Vater!« (Jer 3,4; Ps 89,27)

»Blicke herab vom Himmel!
Und schaue herab von Deiner heiligen Wohnstatt!
Wo ist Dein Eifer und Deine Stärke,
Das Wallen Deiner Liebe und Deines Erbarmens?
Halte Dich doch nicht zurück, Du bist doch unser Vater ...
Du, Herr, bist unser Vater,
›Unser Erlöser‹ ist Dein Name von Urzeit an.« (Jes 63,15 f.)

»Nun aber, Herr, Du bist doch unser Vater! Wir sind der Ton und Du unser Bildner
Und wir alle sind das Werk Deiner Hände.« (Jes 64,7 f.)

»Ist nicht Ephraim Mein teuerer Sohn
Ist er nicht Mein Lieblingskind? ...
Mein Herz stürmt ihm entgegen, Ich muß Mich seiner erbarmen, spricht Der Herr.« (Jer 31,20)

»Ich pries Gott: Mein Vater bist Du!« (Sir 51,10 Hebr)

Der im 2. Jahrhundert lebende Rabbi Akiba stellte am Versöhnungstag die Frage: »Wohl Euch, Israel! Wer ist es, vor Dem Ihr Euch reinigt, und wer ist es, Der Euch läutert?« Und er antwortet: »Euer Vater im Himmel!« (Mischnah Joma VIII,9) So heißt es auch im sogenannten »Achtzehnergebet«, auch »Das Gebet« schlechthin genannt, das der Jude dreimal täglich verrichtet: »Bring uns zurück, unser Vater, zu Deiner Lehre und nähere uns, unser König, Deinem Dienst ... Vergib uns, unser Vater, denn wir haben gesündigt.«
Täglich zweimal betet Jesus vor dem jüdischen Glaubensbekenntnis (Dt 6,4–9) die Worte: »... Unser Vater, Barmherziger und Erbarmender Vater, erbarme Dich unser und gib in unser Herz, zu verstehen und zu begreifen, zu hören, zu lernen und zu lehren, zu bewahren und zu tun und zu erfüllen alle Worte der Lehre Deiner Thora in Liebe.«
Eines der feierlichsten Gebete der Liturgie des höchsten jüdischen Feiertages, des Jom Kippur oder Großen Versöhnungstages, wird *»Awinu Malkenu«* genannt, weil jede seiner 44 Bitten und Fürbitten mit der Anrede: »Unser Vater, unser König!« beginnt.

Wer den gesamten Werdegang jüdischer Gottesvorstellungen auf drei Hauptbegriffe komprimieren will, müßte sie: König –

Vater – Leidensgefährte benennen; eine schrittweise Humanisierung der sogenannten »Gottesbilder«, von denen zu Jesu Lebzeiten die beiden ersteren in der jüdischen Liturgie koexistierten. Davon spricht nicht nur die uralte Bußliturgie, sondern auch das Vaterunser, wo im selben Atemzug vom Vater-Gott und Seinem »Königtum« (Reich) gesprochen wird.
Auch das Dankgebet für die Wiederherstellung der staatlichen Unabhängigkeit Israels, das vor etlichen Jahren vom Oberrabbinat in Jerusalem veröffentlicht wurde, beginnt mit denselben Worten, die einst Jesus seine Jünger lehrte:

»Unser Vater (Der Du bist) im Himmel,
Fels Israels und sein Erlöser,
Segne den Staat Israel
den Erstlingssproß unserer Erlösung!«

Die lukanische Fassung überliefert uns, wie bekannt, nicht die Anrede »Vater unser«, die dem hebräischen »Awinu« und dem aramäischen »Abuna« entspricht, wie sie beide im jüdischen Gebetsschatz geläufig sind, sondern das kürzere »Vater«, das wohl dem aramäischen und dem Mischnah-Hebräischen »Abba« entspräche. Ursprünglich bedeutete es etwa: Papa, oder: Väterchen, wie Kinder damals und auch im heutigen Staate Israel zu ihren Vätern sagen. Dafür spricht nicht nur Jesu Verzweiflungsgebet in Gethsemani (Mk 14,36) und die zwiefache Bezeugung des Paulus (Röm 8,15; Gal 4,6), sondern auch der alleinstehende »Sohn«-Titel, der dreimal in den Synoptikern, einmal bei Paulus, fünfmal im Hebräerbrief und zehnmal im Johanneischen Schrifttum vorkommt.
Aus sprachlichen und anderen Gründen darf man wohl schließen, daß diese Bezeichnung »der Sohn« ursprünglich im galiläischen Volksmund aus Jesu Gebetsanrede von »Abba« abgeleitet wurde.
Wie dem auch sei, wir können heute nicht mehr feststellen, ob das »Abba« des Lukas oder das »Vater unser« des Matthäus ursprünglicher ist.

Fest steht aber, daß Jesus Diesen Gott, Der für ihn Der Schöpfer der Welt, Der Bundes-Gott und Der künftige Richter ist, wie viele fromme Juden seiner Zeit, »unser Vater« (Mt 6,9); »Euer Vater« (Mt 6,26); »Dein Vater« (Mt 6,4); »Mein Vater« (Mt 26,39); »Den Himmlischen Vater« (Mt 5,48); »Den Vater im Himmel« (Mt 5,16) oder, noch zärtlicher: »Abba« (Mk 14,36) nennt – was sowohl seine Gottesnähe, seine Frömmigkeit als auch sein intensives Judesein bezeugt.

Auch die Gliederung des Gebetes in sieben Einzelbitten, von denen die ersten drei an Gott gerichtet sind und Seine Herrschaft betreffen, während die letzten vier Fürbitten für das menschliche Wohl darstellen, ist nach biblischem Vorbild gestaltet.

Genau wie die sieben Seligpreisungen der Bergpredigt, die sieben Weherufe über die Pharisäer, die sieben Gleichnisse und die Pflicht, nicht siebenmal, sondern siebenundsiebzigmal zu vergeben, erinnern sie an die heilige Siebenzahl in den Büchern Moses, die in den sieben Wochentagen, dem Jubeljahr (nach sieben mal sieben Jahren), und im siebenarmigen Leuchter des Tempels verewigt sind, um nur die markantesten Beispiele zu nennen. Es folgen nun, wie bekannt, drei Bitten – keine Gelöbnisse oder Wünsche, wie man meinen könnte –, die fast wörtlich dem täglichen Kaddisch-Gebet der Synagoge entsprechen, das höchstwahrscheinlich aus dem ersten vorchristlichen Jahrhundert stammt. Dort heißt es, wie jeder Jude aus seiner Synagoge weiß:

»Erhaben und geheiligt werde Sein großer *Name* in der Welt, die Er nach Seinem *Willen* geschaffen, und Er lasse herrschen Sein *Königtum* in eurem Leben und in euren Tagen und im Leben des ganzen Hauses Israel.«

In diesem ersten Satz eines der ältesten Synagogengebete finden wir geballt die drei Schlüsselbegriffe, die Gegenstand der ersten Vaterunser-Bitten sind: Gottes Name, Sein Königtum und Sein heiliger Wille.

Da Jesus seinen Jüngern einschärfte, »nicht zu plappern wie die Heiden« und »nicht viele Worte zu machen«, warum heißt

es dann so umständlich: »Geheiligt werde Dein Name« und nicht einfach: »Heilige Deinen Namen!« oder: »Heiligt Seinen Namen!« – was sowohl kürzer wie auch deutlicher klingen würde?
Der Grund ist charakteristisch für die Ausdrucksweise der hebräischen Bibel. So wie mit dem »Namen«, Der geheiligt werden soll, Gott selbst gemeint ist, Den man jedoch der Ehrfurcht halber nur selten nennt, um Das Heilige nicht zu banalisieren und Die Gottheit nicht zu zerreden, genauso entspringt auch die passive Satzkonstruktion derselben Scheu vor dem Anschein, eine freche Forderung an Gott zu stellen; einem Anschein, der durch die indirekte, passive Formulierung demütig vermieden wird.
Ebenso hebräisch ist der Zusammenhang zwischen den drei ersten Bitten, die für einen Hindu oder einen Chinesen jedweder Logik zu entbehren scheinen. Nicht jedoch für den geübten Leser des Psalters, dem der innere Zusammenhang sofort einleuchtet:
Nur wenn und wo Gottes Name in der Welt geheiligt wird, erkennt die Menschheit Sein Königtum an, und eben da kann Gott auch Seinen Willen zum Heil der Welt ausführen.

Geheiligt werde Dein Name!

Diese »Heiligung Des Namens« hat im jüdischen Sprachgebrauch vier Dimensionen:
Vor allem eine moralische, die besagt, Gott möge doch bewirken, daß alle Menschen Ihn erkennen und anerkennen – was vor allem durch gottgefällige Taten reiner Sittlichkeit zum Ausdruck kommen soll. Wenn die Jünger also Den Vater bitten, Er möge Seinen Namen heiligen, so beten sie um Gottes Gnade, so leben zu können, daß sie als »Salz der Erde« und als »Licht der Welt« ihre Mitmenschen durch Vorbildlichkeit zur Nachahmung anregen mögen. Die Bitte ist also eine Art Bumerang, der auch einem Aufruf zur Selbstheiligung gleich-

kommt. Aus ihr spricht aber auch die Sehnsucht, daß einmal der ganze Erdenkreis Gott anbete, um »Ihm in Eintracht zu dienen« (Zeph 3,9).

Beginnen aber muß diese weltweite Heiligung im Herzen des Beters.

Die Heiligung Des Göttlichen Namens bedeutet nicht nur die Beachtung der Gebote, sondern erfordert im rabbinischen Sprachgebrauch ein exemplarisches Verhalten vis-à-vis Nichtjuden, denen gegenüber Israel als stillschweigende, aber rechtschaffende »Zeugen Gottes« (Jes 43,12) auftreten sollen.

So heißt es auch im Talmud: »Die Beraubung eines Nichtjuden ist eine schwerere Sünde als die Beraubung eines Israeliten – wegen der Entheiligung Des Göttlichen Namens.« (Tos Bo X,15)

Denn jedes unlautere Handeln könnte ja die Verunehrung Gottes in den Augen der nichtjüdischen Umwelt zur Folge haben. Die so bezweckte »Verherrlichung Gottes durch die Heiden« (p Kidduschin 4,65b) ist im Grunde ein Dienst am kommenden Gottesreich, für dessen Förderung Rabbi Jochanan der Schmied so weit geht, zu behaupten: »Lieber werde ein Buchstabe aus der Thora entwurzelt, als daß Der Name Gottes öffentlich entweiht werde ... Mag ein Buchstabe der Thora entwurzelt werden, damit Der Name Gottes öffentlich geheiligt werde!« (Jeb 79a)

Hierin geht Rabbi Jochanan sogar weiter als Rabbi Jesus, der nicht bereit war, auch auf »ein Jota oder ein Tüttelchen der Thora« zu verzichten – »bis alles (zur Endzeit) erfüllt ist«. (Mt 5,18)

Die Überlieferung faßt es in einem Satz zusammen: »Wenn Israel den Willen Gottes tut, so ist Gottes Name in der Welt geheiligt; wenn Israel den Willen Gottes aber nicht erfüllt – so wird Gottes Name entweiht.« (Sifra zu Lev 19,2)

In diesem ethischen Sinne eines »Lichtes für die Völker« (Jes 11,10) wird auch der Auftrag in Lev 22,32 verstanden: »Geheiligt will Ich werden inmitten der Kinder Israels!« So spricht Der Herr, und Jesaja verdeutlicht die Botschaft:

»Gott, Der Heilige, wird durch Gerechtigkeit geheiligt.« (Jes 5,16)
Kiddusch-Ha-Schem, mit diesem Begriff der Heiligung Des Namens wird im Judentum aber auch die letztmögliche Konsequenz des Glaubens gezogen: die Selbsthingabe an Gott, bis hin zum Opfer des Martyriums.
»Einer, der Den Namen heiligt« heißt daher auf hebräisch sowohl einer, der »das Joch Des Himmelreiches auf sich nimmt« (d. h. Ethos und Ritus der Bibel) – als auch der Blutzeuge, der für sein Judentum stirbt, um durch seinen Tod den Gottlosen zur Einsicht zu bringen.
»Geheiligt werde Dein Name« ist also für Hellhörige auch ein Appell, keinen Kompromiß mit den Bösen oder dem Bösen zu schließen, sondern Gott allein zu dienen – nicht dem Mammon, der Macht noch anderen Götzen – bis hin zum Kreuz, wenn es nicht anders geht.
Und so heißt es in einer uralten Überlieferung: »Das hartnäkkigste unter den Völkern ist Israel. Glaubt aber nicht . . . daß dieses zum Schimpf gesagt ist; nein, es ist aus Liebe gesagt. Entweder ein Jude bleiben oder gekreuzigt werden.« (Ex. Rabba 42)
Viertens, aber nicht zuletzt, schwingt in diesem Auftrag zur Heiligung Des Namens auch eine messianisch-endzeitliche Komponente mit. Jesu Heilungen, seine Mitteilungen, daß den Jüngern vergeben wird; sein Aufsuchen der Frevler und Abtrünnigen und seine unermüdliche Bußpredigt haben das gemeinsame Ziel, das Volk Gottes in seiner Gesamtheit wiederherzustellen und »einzusammeln«, wie er des öfteren betont (Mt 12,30; Mt 23,37; Lk 13,34 etc.).
Diese Sammlung der Zerstreuten, Versprengten und »Verlorenen Schafe des Hauses Israel« (Mt 10,6) kann letztlich nur Gott selbst vollbringen – was zu Seiner offenbaren Heiligung führen wird.
Aber was heißt das?
Die Antwort gibt das 36. Kapitel Ezechiels: Dort ist davon die Rede, daß durch die Zerstreuung Israels unter die Heiden Der

Name Gottes entweiht worden ist. Denn die Heiden sagen ja jetzt überall: Das also ist das Volk Gottes! Dieser Herr muß wohl ein erbärmlicher Gott sein, da Er Sein eigenes Volk nicht vor dem Verlust seines Landes bewahren konnte! (Vgl. Ez 36,20)

In dieser Situation spricht Gott durch Ezechiel:

»Nicht euretwegen handle Ich, Haus Israel,
sondern um Meines Heiligen Namens willen,
den ihr bei den Völkern entweiht habt...
Meinen großen Namen, Den ihr mitten unter ihnen entweiht habt, *werde Ich wieder heiligen.*
Und die Völker – spricht Gott Der Herr – werden erkennen, daß Ich Der Herr bin, wenn Ich Mich an euch vor ihren Augen als heilig erweise.
Denn Ich hole euch heraus aus den Völkern,
Ich sammle euch aus allen Ländern und bringe euch
in euer Land.« (Ez 36,22–24)

Der Text zeigt deutlich: Gott selbst heiligt Seinen Namen, und zwar dadurch, daß Er Israel von überallher sammelt, es erneuert und es wieder zu einem heiligen Volk macht. »Geheiligt werde Dein Name« – das heißt also auch: »Sammle und erneuere Dein Volk! Laß es wieder zum wahren Gottesvolk werden!«

Offensichtlich ist Jesus überzeugt, daß diese endzeitliche Sammlung des Volkes durch Gott schon begonnen hat, genau wie das Kommen des Reiches für ihn bereits »heute« beginnt.

Das Fazit liegt auf der Hand: In ihrer moralischen Radikalität und weltweiten Hoffnung auf ein Zum-Glauben-Kommen der gesamten Menschheit, in ihrem Bekenntnis, auch das Martyrium nicht zu scheuen, und in ihrer dringlichen Naherwartung der Endzeit ist diese kurze Fürbitte eine Vier-Einigkeit der Zuversicht, die nahtlos zur nächsten Bitte hinleitet:

»Dein Reich komme!«

Das ist nicht ganz richtig übersetzt, da es sich ja um keine territoriale Größe handelt noch um einen geographischen Bereich, sondern um das Königsein oder die Alleinherrschaft Gottes, wie sie im hebräischen Wort *»malchut«* enthalten ist.
Da es also weder um ein Staatswesen noch um ein Regime geht, sondern ganz im Gegenteil: um die Antithese aller irdischen Königsherrschaft, übersetzt Martin Buber richtiger mit »Königtum Gottes« – das weder räumlich noch statisch, sondern dynamisch als eine werdende »Anarchie« gilt, deren Hauptkennzeichen es ist, das heißersehnte, aber nie erfüllte Bibelideal einer gewaltlosen, gerechten Liebesgesellschaft zu verwirklichen. Und dies im Sinne jener urhebräischen *ZEDAKA,* die Liebe und Gerechtigkeit zur höheren Einheit versöhnt.
Nur in der nahtlosen Kontinuität göttlichen Handelns, das aber nur schrittweise offenbar wird, wird Jesu Verbindung zwischen dem ungeduldigen »Jetzt« und dem endzeitlichen »Dann« verständlich.
In den Worten Raschis, des größten jüdischen Bibelkommentators des Mittelalters, zu Dt 6,4:
»Er, Der *Jetzt* unser Gott ist, wird *künftig* Der Einig-Einzige Gott sein; dann nämlich, wenn auch die Weltvölker Sein Königtum anerkennen werden.« (vgl. Zeph 3,9 und Zach 14,9)
Diese herrenlose Gottesherrschaft als Panökumene aller gläubigen Gotteskinder hat Jesus hier wohl gemeint.
Das Königtum Gottes – dieser aus der Sprache des Psalters (Ps 145,11–13) geprägte Begriff meint also kein abgegrenztes Gebiet, das im Himmel oder auf Erden zu finden ist, sondern redet von der uneingeschränkten Herrschaft Gottes, die, vom Himmel kommend, sich auf den gesamten Kosmos erstrecken wird. Von alters her ist Er Der Herr Seines Volkes (Jes 52,70; Ps 93,; Ps 97,1 etc.), und Seine Gemeinde, die Seinen Willen kennt und Seinem Gebot Gehorsam gelobt hat, hat damit Seine Herrschaft auf sich genommen.
Doch in dieser Welt ist Gottes Herrschaft noch verborgen, Sein Regiment noch nicht sichtbar aufgerichtet.

Gottlose Menschen und mächtige Gewalthaber treiben ihr Wesen, als gäbe es Gott nicht und als würde Seine Herrschaft niemals kommen. Aber ihre Frist ist bemessen und wird enden, wenn der Tag jäh und plötzlich hereinbricht, an dem Gottes Herrschaft aufgerichtet wird. Diesem Tag strecken sich die Frommen sehnend entgegen:
»Laß Kummer und Seufzen von uns weichen und *sei König über uns,* Du Herr, allein, in Huld und Barmherzigkeit, in Gnade und Recht«, so wird in der elften Bitte des Achtzehnergebetes gerufen, das Jesus, wie jeder Jude, täglich spricht.
Die Allheiligung Gottes, von der Jesus anfangs sprach, ist aber im jüdischen Denken so gut wie unvorstellbar – man könnte fast sagen: nutzlos – ohne ihre unmittelbare Folge: Die ersehnte Gottesherrschaft über alles Fleisch und Blut auf Erden.
Nun aber drängt sich die Frage auf:
Ist denn Gott nicht *jetzt schon* König über all Seine Schöpfung? Die jüdische Antwort lautet:
Sicherlich! Aber Er gab den Menschen die Freiheit der Wahl, ja oder nein zu Gott sagen zu können, so daß seit Abraham jeder Adamssohn ein potentieller Partner Gottes in der Vervollkommnung dieser Welt ist und durch Rechtschaffenheit und Gottesfurcht die Ankunft jenes irdischen Himmelreiches beschleunigen oder verzögern kann.
Um diese Herrschaft geht es also, die den Inbegriff aller messianischen Hoffnung beinhaltet.
Wiederum wird die Fürbitte unpersönlich formuliert, um den Gedanken auszuschließen, wir hätten einen Anspruch auf Das Göttliche Königtum. Aber der klare Sinn der Bitte ist mit dem Kaddischgebet identisch, das besagt:
»Führe Dein Königtum herbei!«
Mit Recht betont Leonhard Ragaz, der Schweizer Theologe, daß es nicht heiße: »Nimm uns in Dein Reich!« – was auf hebräisch fast einem Sterbewunsch gleichkäme – sondern: Dein Reich möge zu uns auf Erden kommen, was, wie gesagt, nichts mit dem »Himmel« als fromme Umschreibung Gottes und noch weniger mit einem »Reich« zu tun hat.

Doch wir dürfen nicht vergessen, wo und wann diese Bitte formuliert wurde.
Galiläa war nämlich der Hort aller 61 Rebellionen, Kriege und Aufstände, die Juden während der 300 Jahre von den Makkabäern bis hin zur Bar-Kochba-Erhebung (167 v.–134 n. Chr.) gegen das Heidenjoch entfacht hatten.
»Dein Reich komme« war also auch eine Absage an all jene zelotischen Hitzköpfe, die Die Gottesherrschaft mit militärischer Macht herbeizwingen wollten.
Ebenso aber enthalten diese zwei hebräischen Worte eine unverkennbar anti-römische Spitze; denn wir kennen aus dem frührabbinischen Schrifttum ein halbes Dutzend Sprichwörter, die »Himmelreich« und »Römerreich« als unversöhnliche Größen einander gegenüberstellen. Sowohl die Idee des heiligen Krieges als auch die Unterwürfigkeit der Römlinge wird hiermit verworfen – um der Frohbotschaft von Dem Kommenden Gott-Königtum den Vorrang zu geben.
Daß eben diese Erwartung – zwar nicht mehr als akute Naherwartung, wohl aber als Ziel unserer ganzen Hoffnungskraft auch heute noch Juden und Christen in einer Großkoalition der messianischen Zuversicht verbindet, sollte nicht in Vergessenheit geraten.

»Dein Wille geschehe
Wie im Himmel so auf Erden!«

Diese dritte der »Du-Bitten« erinnert an die häufige Gebetsformel der Synagoge:
»Es möge Dein Wille sein, daß Du Frieden verleihst...«
oder:
»Wie es aber Der Wille im Himmel ist,
so tue Er!«
Was wiederum an das Wort Jesu in Gethsemani erinnert:
»Nicht mein, sondern Dein Wille geschehe!« (Lk 22,42 und Ber 3,7)

Mit anderen Worten: Kein blinder Fatalismus noch stoische Ergebung kommt hier zum Ausdruck, sondern die freiwillige Unterwerfung unter Gottes Allmacht, mit der Bitte, uns Menschen den Willen Des Vaters erkennen und anerkennen zu lassen.
Ich würde hier gegen die Vokabel »geschehen« Einspruch erheben – zugunsten der englischen Übersetzung »Thy will be done« und der französischen, die besagt »Ta volonté soit faite«.
Denn laut Lexikon bedeutet »geschehen«: Vorfallen, sich ereignen, plötzlich vorkommen – was der jüdischen und jesuanischen Priorität *des Tuns* als ein Mitwirken am Heilswerk Gottes widerspricht.
»Alles, was Der Herr spricht, wir tun's und wir hören's« (Ex 24,7), sagte ganz Israel am Sinai-Berg, und das häufigste Zeitwort im jesuanischen Sprachschatz ist eben dieses »Tun«, das alle gläubigen Menschen zu »Mitarbeitern Gottes« erhebt. (I Kor 3,9)
Mit dieser Bitte »Dein Wille werde getan« kommt also kein blindes Sich-Ergeben noch Angst vor der Freiheit zum Ausdruck oder gar ein resigniertes Hinnehmen eines unabänderlichen Geschicks.
Ganz im Gegenteil!
Aus dieser Bitte schreit die leidenschaftliche Sehnsucht nach jener Macht Gottes, die alle Menschenmacht durch Liebe ersetzen soll.
Der Wille Gottes war für Jesus nichts Abstraktes, weil sich dieser Wille in der Geschichte seines Volkes unzweideutig geoffenbart hat:
»Ich bin Der Herr, Dein Gott, Der dich aus Ägypten geführt hat, aus dem Sklavenhaus!« (Ex 20,2) Diese Aussage über Gottes Herrschaft in Israel ist nach der jüdischen Zählung, wie sie auch Jesus lernte, das Erste Gebot.
In ihm erweist Sich Gott, Der Herr, als Der Befreier Seines Bundesvolkes, Der mit dem Lieben angefangen hat und nun auf Gegenliebe hoffen darf.

Die Gegenliebe aber besteht nach rabbinischem Verständnis vor allem in der Befolgung der Göttlichen Weisung (Thora), die den Zweifüßlern zur tieferen und besseren Menschwerdung verhelfen soll.
Ihre Mitte besteht aus dem Zehngebot, eine Kurzfassung des Willens Gottes, deren Ziel die Befreiung, der Friede und die Gerechtigkeit sind.
Im festen Glauben an diesen Heilswillen Gottes als gewaltlose Großmacht, der sich alles Fleisch und Blut einst beugen wird, legt der Beter sich selbst, seine Hoffnung und seine Zukunft in die Hand Gottes.

»Unser tägliches Brot gib uns heute!«

Diese vierte Fürbitte, die Brotbitte, mit der die »Wir-Bitten« anheben, erinnert an die erste Danksagung des jüdischen Tischsegens, wo es heißt:
»Gepriesen seist Du, Herr, unser Gott,
König der Welt, Der die ganze Welt speist
durch Seine Güte. In Gnade, Liebe und Barmherzigkeit
gibt Er Brot allem Fleisch, denn Seine Güte
währet ewiglich . . .«
Für so wichtig hat Jesus diese Brotbitte gehalten, daß er sie in die Mitte seines Leitgebetes gestellt hat: nach den drei Du-Bitten an Gott und vor den letzten drei Wir-Bitten, in denen es um geistige Anliegen geht, die den Beter und seine Gemeinde angehen.
Hiermit will Jesus betonen, daß wir nicht nur alle unsere Alltagssorgen vor Gott bringen dürfen, sondern uns auch bewußt machen sollen, daß unser Brot keine Selbstverständlichkeit ist, das Ergebnis berechenbarer Planung und Produktion, sondern ein Geschenk Des Himmels, wie jeder Bauer weiß, der die Gefahren von Seuchen, Mißernten und Wetterunbilden kennt. Das Korn geht wohl durch unsere Hände, und sein

Wachstum hängt vom Schweiß der menschlichen Arbeit ab, aber zu guter Letzt ist es doch Gott, Der das Gedeihen schenkt.

Mit »Brot« ist hier auf hebräisch all das gemeint, was der Mensch braucht, um Leib und Seele zusammenzuhalten: seinen Lebensunterhalt.

Luther schießt über das Ziel hinaus, wenn er in seinem »Kleinen Katechismus« das »täglich Brot« mit folgenden Worten erklärt:

»Alles was zur Leibesnahrung und Notdurft gehört,
wie Essen, Trinken, Kleider, Schuh,
Haus, Hof, Acker, Vieh, Geld, Gut,
fromm Gemahl, fromme Kinder, fromm Gesinde,
gut Wetter, Friede, Gesundheit
Zucht, Ehre
gute Freund, getreue Nachbarn und desgleichen.«

Wir stoßen hier wieder auf eine textuelle Schwierigkeit: »Das tägliche Brot« ist zwar die herkömmliche Übersetzung in fast allen Kirchen, jedoch das schwierige Eigenschaftswort kann im Griechischen ebenso gut als »lebensnotwendiges« oder »regelmäßiges« oder als Brot für »den kommenden Tag« verstanden werden – wobei jedoch das letztere dem Mahnruf Jesu: »Sorget Euch nicht um den morgigen Tag« (Mt 6,34) zu widersprechen scheint.

Als vor einigen Jahren 18 christliche Konfessionen in Israel eine gemeinsame Dachorganisation gründeten – »Der Vereinigte Rat der Kirchen in Israel« –, beschlossen sie, ihre Liturgien so bald wie möglich zu ökumenisieren. Als ersten Schritt wollte man einen hebräischen Einheitstext für das Vaterunser erarbeiten, der sprachlich dem verschollenen Urtext so ähnlich sein sollte, wie die gemeinsamen Bemühungen aller christlichen Hebraisten in Israel es zu rekonstruieren vermochten.

Nach längeren Überlegungen gelang es, die Möglichkeiten der Rück-Hebraisierung des umstrittenen Schlüsselbegriffes EPIOUSION auf zwei zu reduzieren:

Entweder »Brot für den täglichen Bedarf«, wie es vom Him-

melsbrot in der Wüste (Ex 16,4) heißt – oder »unser zugemessenes Brot«, wie es in den Sprüchen Salomos (30,8) lautet.
Die erstere Form hat den inhaltlichen Vorteil, sowohl mit dem Wort »heute« als auch mit dem Aufruf Jesu zum blinden Vertrauen auf Die Göttliche Vorsehung (Mt 6,25–34) übereinzustimmen, da ja die Manna-Perikope im Buche Exodus betont:
»Das Volk soll *nur* den täglichen Bedarf sammeln ... damit will Ich es prüfen.« (Ex 16,4)
Daß etliche kleingläubige Israeliten diese Probe nicht bestanden haben, lernen wir aus Ex 16,20: »Aber sie gehorchten Mose nicht. Und etliche ließen davon übrig bis zum nächsten Morgen. Da wurde es voller Würmer und stank.«
Die Moral von der Geschichte liegt auf der Hand: Vertraut Dem Herrn, daß Er euch morgen wie auch heute ernähren wird!
Mit den Worten des Rabbi Elasar von Modaim: »Jeder, der heute zu essen hat und spricht: Was werde ich morgen essen? der ist kleingläubig, denn es heißt ja (in Ex 16,4): ›Damit will ich das Volk prüfen, ob es in Meiner Lehre wandelt oder nicht.‹« (Mechilta BeSchallach zu Ex 16,4)
Die zweite Möglichkeit hat den Vorteil, aus einer Fürbitte an Gott zu stammen, die inhaltlich mit der Brotbitte Jesu fast identisch ist:
»Laß mich mein zugemessenes Brot verzehren!«, wie es in den Sprüchen der Weisheit heißt (Spr 30,8).
Diese Fassung bittet um Bewahrung vor Mangel, verpönt aber auch jeden Überfluß, um sich, gut biblisch, mit der lebensnotwendigen Tageskost zu begnügen. Da diese Fassung mit dem wörtlichen Sinn des griechischen »Epiousion«, also: für den bevorstehenden Tag, zu harmonisieren scheint und auch der gottvertrauenden Demut des ganzen Vaterunsers entspricht, dem Worte wie »das morgige Brot« oder »regelmäßiges Brot« widersprechen würden, entschied man sich in Jerusalem für den salomonischen Wortlaut. (Siehe Anhang 2.)
Daß Jesus selbst vielleicht an den weisen König und seine

Sprüche gedacht hatte, scheint Mt 6,29 zu beweisen, wo es, kurz nach dem Vaterunser, heißt:
»Selbst Salomo in all seiner Pracht war nicht gekleidet wie eine von diesen Lilien auf dem Felde.«
In seiner Brotbitte läßt Jesus vier Dinge mitschwingen, die zu den Grundpfeilern biblischer Frömmigkeit gehören:
1. Unsere Angewiesenheit auf Gottes Gaben und unser Recht, dafür zu bitten und zu wirken.
2. Unser Verzicht auf ängstliches Vorsorgen.
3. Unsere Genügsamkeit und Gott-Gewißheit, die die erbetene Gabe auf den anbrechenden Tag beschränkt.
4. Indem er die Jüngergemeinde zusammen für »unser Brot« beten lehrt, fordert er zum *Teilen* auf, wie es Brüdern und Schwestern geziemt, die ihr Gebet an »unseren Vater« richten.

»Vergib uns unsere Schuld
wie auch wir unseren Schuldigern vergeben!«

Jesus hat in den Synagogen seiner Heimat gelernt und mitgefeiert, daß Gott den Reumütigen ihre Schuld vergibt und Sünden verzeiht.
Aus dieser Langmut Gottes folgt aber die Notwendigkeit, Gott nachzuahmen, indem man sich mit seinem Nächsten versöhnt. Weil Gott vergibt, dürfen auch die Menschen untereinander Frieden und Verzeihung finden.
Die Bitte um Vergebung der Sünden ist daher ein zentraler Teil des jüdischen Morgengebetes sowie das Kernstück der Neujahrsliturgie, wo es in vielfältiger Formulierung heißt:
»Verzeihe uns, unser Vater, unser König, denn wir haben gefehlt ...« »Vergib uns, unser Vater, denn wir haben gegen Dich gesündigt ...« »Verzeih uns, daß wir abgefallen; denn Du vergibst und verzeihst ...«
Einige Kirchen verkürzen jedoch den Schluß dieser jesuanischen Fürbitte zu: »... wie auch wir unseren Schuldigern

vergeben«, was sowohl dem griechischen Text als auch dem jesuanischen Sinn widerspricht. Matthäus gibt nämlich, laut den verläßlichsten Handschriften, das Zeitwort in der Vergangenheit: »Wie auch wir vergeben *haben.*«

Und mit Recht. Denn die lukanische Parallele: »... denn auch wir vergeben jedem, der uns schuldig ist« (Lk 11,4) wird der Absicht Jesu genausowenig gerecht wie Martin Luther, der in seinem »kleinem Katechismus« die fünfte Bitte folgendermaßen erklärt: »Wir bitten in diesem Gebet, daß der Vater im Himmel nicht ansehen wolle unsere Sünden ... sondern Er wolle es uns alles als Gnaden geben, denn wir täglich viel sündigen und wohl eitel Strafe verdienen. So wollen wir *wiederum* auch herzlich vergeben und gerne wohltun denen, die sich an uns versündigen.«

Die grammatische Gleichzeitigkeit von »Vergib uns ... wie auch wir vergeben« erweckt den falschen Eindruck einer Bedingtheit, die die Vergebung der Schuld des Nächsten von der (vorherigen) Vergebung der eigenen Schuld durch Gott abhängig zu machen scheint. Diese zwielichtige Formulierung hinterläßt den üblen Beigeschmack eines vom Beter erwünschten Tauschhandels mit Dem Herrn der Welt: Wie Du mir vergibst, Vater, so will ich dann meinem Nächsten vergeben.

Mehr noch! Die Deutung dieser irreführenden Gleichzeitigkeit als die bedingungslose Vergebung Gottes, im Sinne einer »gratia praeveniens«, die pauschale Verzeihung im vorhinein als Gnade schenkt, könnte zu einem Drauflos-Sündigen führen, das auf jener blasphemischen Gewißheit beruht, die Voltaire auf seinem Sterbebett geäußert haben soll: »Gott wird mir schon verzeihen; das ist doch Sein Metier!«

Das Gegenteil liegt dem jüdischen Sündenverständnis zugrunde, demgemäß Reue und Hoffnung auf eine Versöhnung mit Gott »unnütz« sind, wenn nicht am Mitmenschen begangenes Unrecht *zuvor* gutgemacht worden ist.

»Übertretungen zwischen Mensch und Gott sühnt der Versöhnungstag«, so heißt es in der Mischnah, »aber Übertretungen zwischen Mensch und Mensch sühnt der Versöhnungstag

nicht, es sei denn, der Schuldige hat seinen Nächsten *zuvor* besänftigt und beschwichtigt.« (Joma VIII,9)
Ganz in diesem Sinne fordert Jesus in der Bergpredigt: »Wenn Du nun Deine Gabe zum Altar bringst und Dich dort erinnerst, daß Dein Bruder etwas gegen Dich hat, so gehe *erst* hin und versöhne Dich mit Deinem Bruder; *dann* komm und bring Deine Gabe her.« (Mt 5,23f.)
Der Sinn liegt auf der Hand: Die »horizontale« Aussöhnung ist unverzichtbare Vorbedingung für das Recht, vor Gott hinzutreten und die »vertikale« Versöhnung zu erflehen. In diesem Sinne heißt es auch im Vaterunser: »Vergib uns unsere Schuld, wie auch wir unseren Schuldigern vergeben *haben.*«
Das kann mit Redlichkeit nur ein Versöhnter beten, der »reinen Herzens« ist (Ps 23,4), weil er sich schon zuvor des ätzenden Giftes des Neides, der Nachträglichkeit, der Streitsucht und des Zornes entledigt und seinen Brüdern und Schwestern bereits vergeben hat.

Daß der Gott Abrahams, Isaaks und Jakobs ein barmherziger Richter ist, der Menschen nach ihrer Mitmenschlichkeit beurteilt, ist ein theologischer Grundgedanke, den Jesus nicht weniger als siebenmal betont:
»Mit dem Gericht, mit dem ihr richtet, wird Gott euch richten.« (Mt 7,2)
»Mit dem Maße, mit dem ihr messet, wird Gott euch messen.« (Mt 7,2)
»Verurteilt nicht, und Gott wird euch nicht verurteilen!« (Lk 6,37)
»Verdammt nicht, und Gott wird euch nicht verdammen!« (Lk 6,37)
»Selig sind die Barmherzigen, denn sie werden Gottes Barmherzigkeit erfahren.« (Mt 5,7)
Und dann wiederholt er es, im Anschluß an das Vaterunser, ein siebentes Mal – für die Schwerhörigen:
»Wenn ihr den Leuten ihre Verfehlungen vergebt, dann wird euer Himmlischer Vater euch auch vergeben; wenn ihr aber den Leuten nicht vergebt, so wird euer Himmlischer Vater eure Verfehlungen auch nicht vergeben.« (Mt 6,14f.)

In allen sieben Fällen ist das zwischenmenschliche Verhalten die klare Vorbedingung für die auf sie folgende und entsprechende Vergeltung Gottes.
Im Klartext heißt das gut jüdisch und gut jesuanisch zugleich:
Nur die Selbstüberwindung des Abbitteleistens und der Aussöhnung mit deinem Nachbarn, Rivalen, Konkurrenten oder Gegner erwirken die Vergebung, die von oben kommt. Daher heißt der Jom Kippur im rabbinischen Schrifttum der »Tag der Versöhnungen«, denn es geht um die mitmenschliche *und* die Göttliche Versöhnung, wobei der ersteren die sogenannten »Zehn Tage der Umkehr« gewidmet sind, die vollauf der entgegenkommenden Entfeindung und Befriedung des Nächsten gelten, ehe der »Tag der großen Sühne«, wie er auch heißt, ganz Israel zur Umkehr zu seinem Herrn ruft.
Zehnmal länger ist die Frist, die für die »horizontalen« Versöhnungen bestimmt ist, als der eine »vertikale« Versöhnungstag. Denn Gott weiß, wieviel schwieriger es ist, sich vor einem rechthaberischen Nachbarn zu demütigen, um begangenes Unrecht aus der Welt zu schaffen; seinen Stolz zu schlucken, um einem Mißgünstigen die Hand des Friedens anzubieten, die er vielleicht schroff zurückweisen mag – als unbetroffen und als anonymes Glied der Betgemeinde eine Bußlitanei mitzusprechen. Bist du fähig, den Menschen um dich herum zu verzeihen, auch wenn sie dir weh getan und dich enttäuscht haben? Bist du bereit, sie um Verzeihung zu bitten, wieder gutzumachen, was du ihnen aus Lieblosigkeit angetan hast, um mit Güte einen Neuanfang zu wagen? Nur wenn dein Herz all dies bejahen kann, bist du auf dem rechten Weg zur Umkehr.
Doch diese Umkehr wird nicht um des individuellen Heils des einzelnen Sünders willen gefordert, sondern wegen der Königsherrschaft Gottes, die nicht ohne reuevolle Umkehr zur Vollendung kommen kann. Und da es um die allumfassende Gottesherrschaft geht, spricht die Betgemeinde ihren Hilferuf gemeinsam aus:
»Vater, vergib uns unsere Sünden . . .«

Indem sie Zuflucht sucht vor dem gerechten Zorn Gottes, wirft sie sich in die Arme des Barmherzigen Vater-Gottes.

»Und führe uns nicht in Versuchung!«

Die Versuchung, die unser Herz zu vergiften droht, hat so viele Ausgangspunkte draußen, wie sie Angriffsflächen in uns kennt. Sie kann ausbrechen an der sinnlichen Kraft unserer Natur oder auftauchen aus den Abgründen der Seele. Es gibt nichts Hohes noch Tiefes, heiße es nun Reichtum, Sieg, Ruhm, Geltung oder Sex, was uns nicht zur Anfechtung werden könnte. Vor allem, da die Sünde in ihrer Vorstufe als Versuchung immer bezaubernd schön ist, voll verlockender Pracht, und eine gewaltige Lebenssteigerung verheißt.
Der Weg zur Sünde gleicht einer Stufenleiter, die in einer rabbinischen Auslegung von Gen 6,5 folgendermaßen beschrieben wird:
»Sündhafte Vorstellung verführt zur Begierde; die Begierde bringt zur Sinneslust; die Sinneslust treibt zum Nachjagen; das Nachjagen zur Tat.« (Kalla R. II,6)
Wenn also die Begierde, als Versuchung, »der Anfang aller Sünde ist«, wie es in den jüdischen Bibelschulen gelehrt wird, »dann wird die Begierde schwanger und gebiert die Sünde«, wie es im Jakobusbrief (1,15) heißt: »Die Sünde aber gebiert den Tod.«
Diese Versuchung zur Sünde »lauert vor der Türe und giert nach Dir« (Gen 4,7), wie Gott den Kain warnt, »Du aber werde Herr über sie!«. Dieses »Herr-Werden« über die sündige Anfechtung im eigenen Herzen ist das, was die Rabbinen »das heilige Nein« nennen: der Adel des Nein-Sagen-Könnens zu allen Versuchungen, die dem Bibelethos zuwiderlaufen.
Um diese Seelenkraft aufzubringen, brauchen wir zu Beginn eines jeden Tages die behütende Schutzmacht Gottes, Der uns im Kampf mit der Versuchung die Oberhand zu gewinnen hilft.

Und dennoch scheint die sechste Bitte an einer Fehlübersetzung zu kranken.

»Führe uns nicht in Versuchung« scheint anzudeuten, daß Gott selbst den Gläubigen verführen wolle – was alle Vorstellungen vom Gütigen Liebes-Gott Lügen strafen würde. Bei der Rückübersetzung ins Hebräische (oder Aramäische) stoßen wir hier auf ein Zeitwort (hawé), das vom Verbum »Kommen« abgeleitet wird und entweder (als Kausativum) »Bringen« oder »Führen« oder (als Permissivum) »Kommen lassen« bedeuten kann, wie es zum Beispiel im jüdischen Abendgebet heißt:

»Laß mich nicht kommen in die Gewalt der Sünde
und nicht in die Gewalt der Schuld
noch in die Gewalt der Versuchung ...«,

wobei wir selbst in die Versuchung hineinstolpern, ja, ihr oft sogar entgegeneilen und unsere eigene Schwäche uns zu Fall bringt.

Auf dieses Übel in uns reagiert der hebräische Urtext, indem er Gott um die innere Widerstandskraft bittet:

Laß mich nicht straucheln noch der Versuchung zum Opfer fallen; gib mir den Mut zum Nein-Sagen!

Diese Deutung erhärtet der Jakobusbrief ganz unzweideutig:

»Niemand sage, wenn er versucht wird: Ich werde von Gott versucht. Denn Gott kann nicht vom Bösen versucht werden, und Er selbst versucht auch niemanden. Ein jeder aber wird versucht, wenn er von seiner eigenen Begierde fortgezogen und verlockt wird.« (Jak 1,13)

In diesem Sinne hat auch die französische Bischofskonferenz vor einigen Jahren den Text dieser Bitte geändert zu:

»Ne nous laissez pas succomber à la tentation!!« Was besagt:

»Laß uns nicht der Versuchung unterliegen!«

Mit einem Wort: Unser Fleisch ist schwach; die Versuchungen sind stark und zahlreich. Du, Vater, weißt es ja! Laß mich nicht von ihnen überwältigt werden! Stärke meinen Geist, so daß ich, ungleich dem Kain, die Prüfung bestehe, an ihr zu reifen vermag, mich in der Seelennot bewähre und Herr werde über die Versuchungen, wo immer sie auch herkommen mögen.

Man kann einwenden, daß es im Buche Genesis ausdrücklich heißt: »Gott versuchte Abraham« (Gen 22,1), und im Buche Hiob läßt Gott den Satan Hiob mit allen denkbaren Anfechtungen in Versuchung führen (Hiob 1,9–12).

Hierauf gibt es zwei Antworten aus rabbinischen Quellen.

Die erste besagt zur Versuchung Abrahams: »Rabbi Jonathan hat gesagt: Wenn ein Flachshändler seinen Flachs klopft, so schlägt er nicht allzu stark darauf, weil er sich ansonsten in seine Fasern auflösen könnte. Wenn aber sein Flachs gut ist, dann schlägt er kräftig darauf, weil er dadurch immer schöner wird. So versucht auch Gott die Gottlosen nicht, weil sie dabei nicht bestehen können ... Aber wen prüft Er? Die Gerechten (Ps 11,5). Rabbi Jonathan hat gesagt: Wenn ein Töpfer sein im Ofen gebranntes Geschirr prüft, so prüft er nicht die schadhaften Gefäße; denn wenn er kaum einmal an ein solches klopft, so zerbricht es in Scherben. Was aber prüft er? Die auserlesenen Krüge; denn wenn er gegen einen solchen auch noch so oft klopft, so zerbricht er ihn doch nicht. So versucht auch Gott nicht die Gottlosen, sondern die Gerechten, um ihren Glauben zu stählen.« (Gen Rabba 55)

Die zweite Antwort beruft sich auf die Tatsache, daß sowohl bei Abraham als auch bei Hiob der Bibelleser mehr weiß als die beiden »Prüflinge«:

Wir wissen nämlich, daß Gott ihnen die Versuchung zumuten kann, da Er ja weiß, daß sie sie bestehen können. Daraus ergibt sich, daß sie beide zu Leitgestalten der Heilsgeschichte erkoren wurden, um uns allen als Vorbilder beharrlicher Glaubensstärke zu dienen. Ihre Versuchungsgeschichten wurden also niedergeschrieben »zu unserer Belehrung ... und zur Unterweisung in der Gerechtigkeit« (II Tim 3,16) – was Gott keineswegs zum »Versucher« macht, sondern zum Helfer in der Not und zum Beistand auf dem täglichen Schlachtfeld der Versuchungen.

»Sondern erlöse uns von dem Bösen!«

Diese letzte Fürbitte wurde im Mittelalter als Errettung aus den Händen des Teufels verstanden, dem ein Paar Hörner und Schwanz, ein Pferdehuf und, als Inbegriff alles Bösen, die Allgegenwart angedichtet wurde. Da das letzte Hauptwort auf griechisch sowohl männlich als auch sächlich verstanden werden kann, darf man heute darunter alles Üble schlechthin verstehen, in all der Mannigfaltigkeit seiner Erscheinungen.
So zum Beispiel heißt es im berühmten Gebet Rabbi Jehudas, des Kompilators der Mischnah, mit dem er seine tägliche Andacht zu schließen pflegte:
»Es sei Wille vor Dir, Herr, unser Gott und Gott unserer Väter, daß Du uns errettest von den Frechen und vom Übermut, von einem bösen Menschen und von einem bösen Begebnis, vom bösen Triebe, von einem bösen Genossen, von einem bösen Nachbarn und von dem Satan, dem Verderber!« (Ber 16a)
Es sei denn, Jesus dachte wie sein Lehrkollege, Mar Bar Rabbina, der jeden Morgen seinen Schöpfer bat:
»Mein Gott, bewahre meine Zunge vor Bösem und meine Lippen, daß sie nicht Trug reden ... Errette mich von einem bösen Begebnis, vom bösen Triebe und von einem bösen Weibe und von allem Bösen, das tobend heraufzieht, in die Welt zu kommen. Bei allen aber, die wider mich Böses sinnen, vereitle eilends ihren Rat und mache zuschanden ihre Gedanken ...« (Ber 17a)
Noch einleuchtender scheint es, daß Jesus an Psalm 37 gedacht hat, aus dem sieben sinnverwandte Parallelen in der Bergpredigt anklingen.
Dort heißt es im 8. Vers:
»Steh ab vom Zorn und laß den Grimm und wetteifere nicht mit dem Bösen!« – wobei das letzte Wort den Sinn von »Unrecht« oder »Bosheit« hat. Von Teufelsabschirmung oder Dämonenaustreibung kann hier wohl kaum die Rede sein – wohl aber von einer Bitte, vor Egoismus, vom bösen Trieb und vom Nächstenhaß verschont zu bleiben.

Nicht auszuschließen wäre zu guter Letzt eine Zusammengehörigkeit der letzten beiden Bitten, wobei die vorletzte um seelischen Schutz vor inneren Versuchungen bittet, während die letzte um Göttlichen Beistand gegen alles äußere Übel, einschließlich Satan, fleht – im Sinne des siebenten Segensspruches des Achtzehnergebetes, »die Erlösung« benannt, wo es umfassend heißt:
»Schaue auf unser Elend und streite unseren Streit und erlöse uns um Deines Namens willen! Gespriesen seist Du, Herr, Erlöser Israels.«

Der Abschluß des Vaterunsers ist eine gewaltige Lobpreisung, die als Krönung aller Fürbitten die Gewißheit ihrer Erhörung bekräftigt, indem sie Den Vater im Himmel als Vollmächtigen Herrscher über Natur und Geschichte, Leib, Seele und Geist anerkennt.

Jesu Leitgebet erinnert in sieben Formulierungen an die achtzehn Bitten des jüdischen Hauptgebetes, in dem jede einzelne Fürbitte mit einem Gotteslob schließt.
Kaum mit Jesu Anliegen zu vereinen scheint der weltmüde Unterton, mit dem Luther seine Auslegung dieser letzten Fürbitte beschließt:
»Wir bitten ... daß uns Der Vater im Himmel ...
ein seliges Ende beschere
und mit Gnaden von diesem Jammertal
zu Sich nehme in den Himmel.«
Genauer gesagt:
– »Geheiligt werde Dein Name« erinnert an die dritte Preisung des Achtzehnergebets, die mit den Worten beginnt: »Heilig bist Du und ehrfurchterregend ist Dein Name.«
– »Dein Reich komme« drückt die Hoffnung der elften Preisung aus: »Sei König über uns, Du allein!«
– »Dein Wille geschehe ...« hallt wider in den Worten der dreizehnten Preisung, in einer altpalästinischen Version, wo jene gelobt werden, »die Deinen Willen tun«; und in der sech-

zehnten Preisung derselben Fassung, die mit den Worten anhebt: »Es sei Dein Wille, Herr, unser Gott ...«
– Die Brotbitte erinnert an die zweite Preisung: »Du bist mächtig in Ewigkeit ... Der die Lebenden aus Gnade versorgt«, was in der altpalästinischen Version verkürzt wird zu: »Du ernährst die Lebenden.«
– »Und vergib uns unsere Schuld ...« klingt wie ein Echo der sechsten Preisung, wo es heißt: »Vergib uns, unser Vater, denn wir haben gegen Dich gesündigt!«
– »Und laß uns nicht der Versuchung erliegen« entspricht inhaltlich der vorletzten Preisung in der obenerwähnten altpalästinischen Fassung, die besagt: »Wenn wir sagten, daß unser Fuß wanke, hat Deine Liebe uns gestützt.«
– »Sondern erlöse uns von dem Bösen« klingt an in der siebenten Preisung: »Schaue auf unser Elend ... und erlöse uns!«
Von besonderem Interesse ist die Tatsache, daß es in drei Preisungen (die dreizehnte, die sechzehnte und die vorletzte) sich um eine sehr alte palästinische Version des Achtzehnergebets handelt, die wahrscheinlich dem zu Jesu Zeiten gebräuchlichen Synagogenritus noch näher steht als die heute gebräuchliche, die zumindest teilweise auf die Tempelliturgie zurückgeht.
Da alle sieben Bitten Jesu ihre Voraussetzung in Gottes Allmacht haben, bündelt er sein Gotteslob zu Ende des Vaterunsers, wo es offensichtlich auch zum Ausdruck des grenzenlosen Vertrauens wird.
Diese Schlußdoxologie, wie sie die Theologen nennen, die in den älteren Handschriften fehlt, ist offensichtlich eine Verkürzung des Dankgebetes, das König David vor der Salbung seines Sohnes Salomo zum König über Israel spricht:
»Gelobt seist Du, Herr, Gott Israels, unser Vater, auf ewig. Dir, Herr, gebührt die Herrschaft, die Kraft, die Herrlichkeit, Sieg und Dank. Denn alles, was im Himmel und auf Erden ist, das ist Dein. Dein, Herr, ist das Königtum, und Du bist erhöht über alles zum Obersten ...« (I Chron 29,10–11)

In der Stenographie des Rabbis von Nazareth heißt das:

»Denn Dein ist das Reich und die Kraft und
die Herrlichkeit in Ewigkeit. Amen.«

AMEN – das letzte Wort, mit dem das VATERUNSER ausklingt, ist seit Martin Luthers Bibelübersetzung so vollkommen eingedeutscht worden, daß man sich seines hebräischen Ursprungs kaum mehr bewußt ist.
Wörtlich übersetzt deutet es etwas »Festes, Beständiges«, auf das unbedingter Verlaß ist.
Stammverwandt ist es mit dem Hauptwort »EMUNAH«, das im allgemeinen mit »Glauben« übersetzt wird, aber eigentlich ein schlechthinniges Vertrauen zum Ausdruck bringt, das über alle Halbherzigkeit erhaben ist.
Wer auf hebräisch »Amen« sagt, erklärt damit, daß er sich das von ihm gehörte Gebet zu eigen gemacht hat. »Amen« im Sinne von »Fürwahr!« oder »Wahrlich!« dient auch zum Schwur (Jer 11,5), zur Selbstverpflichtung oder Bekräftigung: »So sei es!« (Jer 28,6); als Bestätigung eines frommen Wunsches, einer prophetischen Voraussage oder des inbrünstigen Gebets eines Lehrers oder Vorbeters, womit gemeint ist: Mögen diese Worte bald in Erfüllung gehen!
Nicht zuletzt deutet Rabbi Chanina das Wörtlein als Kürzel für die Gebetsaussage: *El Melech Ne'eman,* die bezeugt: Gott ist Ein Zuverlässiger König – was im Grunde die stillschweigende Voraussetzung des ganzen Vaterunsers ist.
Jesus verwendet das biblische AMEN so häufig zur Bekräftigung seiner Aussagen – oft auch am Anfang von Sätzen (Mk 3,28; 8,12; 9,1 etc.) – daß ihn Johannes von Patmos in seiner Offenbarung sogar »den Amen« (Apk 3,14) nennt und Paulus von ihm sagen kann: »Durch ihn erklingt das Amen zur Verherrlichung Gottes!« (II Kor 1,20)
Bei gottesdienstlichen Feiern in der Synagoge pflegt die jüdische Gemeinde, schon vor Jesu Zeiten, einzelne Lobsprüche,

Segensworte und nach jedem der drei Absätze des Aaronitischen Segens (Nu 6,24–26) ihr Amen mit lauter Stimme, gedehnt und einstimmig erklingen zu lassen.
Da nach uralter Gepflogenheit der Vorbeter nicht in das nachfolgende Amen der Betgemeinde einstimmen durfte (T Meg 4,27; j Ber 5,9c), stellt sich die Frage, ob Jesus selbst das Vaterunser vorbetete, um dann seine Jünger »Amen« sagen zu lassen, oder umgekehrt. Dem Zusammenhang gemäß scheint es so gewesen zu sein, daß er ihnen zuerst das Gebet vorsprach und sie mit »Amen« antworten ließ, bis sie es auswendig gelernt hatten – worauf sie es gemeinsam täglich zu beten pflegten und er dann sein »Amen« zum krönenden Ausklang sprach.
Welchen Wert man im Judentum dem Amen-Sagen beilegt, geht aus folgenden Aussagen hervor:
»Es gibt nichts Größeres vor Gott als das Amen, welches die Israeliten antworten.« (Dt R 7)
»Wer Amen! antwortet in dieser Welt, der wird gewürdigt, Amen! auch in der Künftigen Welt zu antworten.« (Dt R 7)
»Wer mit seiner ganzen Seele Amen! antwortet, dem öffnet Gott die Tore des Garten Edens, wie geschrieben steht: ›Öffnet die Tore, daß einziehe ein gerechtes Volk, das Amen! antwortet!‹«
(So Jes 26,2 in der Lesung der Pharisäer, die durch die Vokallosigkeit des hebräischen Bibeltexts möglich ist, ohne auch »nur ein Jota des Textes vergehen zu lassen«:
Anstatt »Schomrej-emunim« = das Treue hält; »sche-omrim-Amen« = die Amen sagen.) (Sabbath 119b und Sanh 110b)
Zusammenfassend können wir feststellen, daß das Vaterunser in klassischer Kürze die Quintessenz des jüdisch-christlichen Glaubenskernes zum Ausdruck bringt. Und zwar auf sieben Grundsatzungen verdichtet, die wie ein Lichtbündel all das ausstrahlen, was Jesus verkündigen wollte:
1. Die Einzigkeit Des Schöpfer-Gottes
2. Seine Vaterschaft aller Menschenkinder
3. Die Zuversicht auf Gottes künftige Alleinherrschaft

4. Die messianische Hoffnung auf die Vollendung des Heils
5. Die bedingungslose Unterwerfung unter den Willen Gottes
6. Die Vergebung der Sünden auf Erden und im Himmel
7. Die Betonung menschlicher Angewiesenheit auf Gottes gütige Allmacht.

Cornelius Rijk vom Einheitssekretariat im Vatikan nannte diese siebenfache Gemeinsamkeit »eine tragfähige Brücke der Versöhnung« und fügte hinzu:
»Wenn Christen sich nun wieder bewußt werden, daß ihre schönsten und ursprünglichsten Gebete ihre Wurzeln in der jüdischen Tradition haben, dann kann ihr Gottesdienst auf eine neue Weise zum Verständnis zwischen Juden und Christen beitragen.«
In diesem Sinne schreibt auch Franz Mussner in seinem »Traktat über die Juden«:
»Es ist das Gebet des Juden Jesus, das auch jeder Jude ohne innere Reserven mitbeten kann, wie es heute bei gemeinsamen jüdisch-christlichen Gottesdiensten erfreulicherweise geschieht. Das Vaterunser ist das große ›Brückengebet‹ zwischen der jüdischen und der christlichen Gemeinde. Auch im Vaterunser leben ›die jüdischen Kategorien‹ weiter, bis auf den heutigen Tag.«
Herbert Haag, der katholische Theologe, fügt dem hinzu:
»Ein Christ kann, ohne etwas von seiner Überzeugung preiszugeben, vorbehaltlos alle jüdischen Gebete beten. Das Umgekehrte kann freilich nicht den Juden zugemutet werden. Aber jeder Jude kann vorbehaltlos das Vaterunser beten. Er wird in ihm das Schönste der Gebettraditionen seines Volkes wiederfinden ... Wir suchen heute mehr denn je nach gemeinsamen Gebeten. Wie schön wäre es, wenn das Vaterunser nicht nur das gemeinsame Gebet aller Christen, sondern auch das gemeinsame Gebet von Juden und Christen würde.«
In den letzten Jahren haben etliche jüdische Autoritäten in Europa wie auch in Amerika dieser Meinung zugestimmt – ohne alle legitimen Unterschiede zwischen Christen und Juden zu verschweigen oder zu verwischen.
»Haben wir nicht alle Einen Vater? Hat nicht Ein Gott uns erschaffen?« So stellt uns der Prophet Maleachi (2,10) die Kardinalfrage nach dem biblischen Heilsuniversalismus.
Die Antwort kann nur lauten: Als Brüder und Schwestern unter Gott

können, nein, sollten wir gemeinsam unser Gebet mit den Worten beginnen:
»Awinu sche-ba-Schamaim – unser Vater im Himmel ...«

DAS HEBRÄISCHE VATERUNSER in der Rekonstruktion des »Vereinigten Rates der Kirchen in Israel«

אָבִינוּ שֶׁבַּשָּׁמַיִם,
יִתְקַדֵּשׁ שִׁמְךָ;
תָּבוֹא מַלְכוּתְךָ,
יֵעָשֶׂה רְצוֹנְךָ כְּבַשָּׁמַיִם כֵּן בָּאָרֶץ.
אֶת לֶחֶם חֻקֵּנוּ תֵּן לָנוּ הַיּוֹם,
וּסְלַח לָנוּ עַל חֲטָאֵינוּ, כְּפִי
שֶׁסּוֹלְחִים גַּם אֲנַחְנוּ לַחוֹטְאִים לָנוּ.
וְאַל תְּבִיאֵנוּ לִידֵי נִסָּיוֹן,
כִּי אִם חַלְּצֵנוּ מִן הָרָע;
כִּי לְךָ הַמַּמְלָכָה וְהַגְּבוּרָה
וְהַתִּפְאֶרֶת לְעוֹלְמֵי עוֹלָמִים.

אָמֵן.

In phonetischer Transskription:
Awínu sche-ba-Schamájim
Jitkadésch Schimchá;

Tawó Malchut-chá;
Je'assé rezonchá ke-wa-Schamájim kén ba-arétz.
Et lăchäm chukénu tén lanu hajóm,
U-slách lánu al chata'énu, ke-fí
Sche-solchím gam anáchnu la-chot'ím lánu.
We-ál tewi'énu lij'déj nissajón,
Ki im chalzénu min ha-rá;
Ki lechá há-mámlachá we-há-gwurá
We-ha-tif-äret le'olméj olamím.

Starb Jesus in Verzweiflung?

»Wir können nicht wissen, ob Jesus einen Sinn in seinem Tod gefunden hat. Es ist möglich, daß er zusammengebrochen ist; man darf sich diese Möglichkeit nicht verhehlen.«

So formuliert Rudolf Bultmann die These von der Verzweiflung Jesu.[1]

Ebenso spricht Joachim Gnilka in seinem Matthäus-Kommentar von dem, was er »den Ruf der Gott-Verlassenheit des Gekreuzigten« nennt, daß »Jesus, von allen Menschen verlassen, auch in diese letzte Verlassenheit von Gott hinein mußte.«[2]

Ähnlich folgert auch Albert Schweitzer: »Die Göttliche Intervention, die Jesus für den Augenblick der höchsten Not erwartet hatte, blieb aus . . . Am Nachmittag desselben Tages schrie Jesus laut auf und verschied.«[3]

Eberhard Jüngel schließt sich dieser Auffassung an: »Jesus ist gestorben mit einem Schrei . . . Es ist nicht ausgeschlossen, daß er in voller Verzweiflung gestorben ist.«[4]

Dorothee Sölle kommt zu dem Schluß, daß »Christus solidarisch ist mit uns, bis in die fundamentale Erfahrung des A-Theismus hinein.«[5]

1. Rudolf Bultmann: Das Verhältnis der urchristlichen Christusbotschaft zum historischen Jesus, in: Exegetica, Aufsätze zur Erforschung des Neuen Testaments, hrsg. von E. Dinkler, Tübingen 1967, S. 452.
2. Joachim Gnilka, EKK, Das Evangelium nach Markus, Band II. Zürich 1979, S. 322.
3. Albert Schweitzer: Geschichte der Leben-Jesu-Forschung, Siebenstern 1966, Band II, S. 440 und 450.
4. Zitiert nach Xavier Tilliette: Der Schrei am Kreuz, in Ev. Komm. März 82, S. 129.
5. Xavier Tilliette a. a. O. S. 129.

Karl Rahner begreift den Gebetsruf als Ausdruck der »Gott-Verlassenheit Jesu, mit dem der Tod Gottes in seinem Sein und Werden beginne«[6].

Auch Claus Westermann schreibt am Schluß seiner »Theologie des Alten Testaments« (1978, S. 200): »Die Klage der Gott-Verlassenheit ist in den Psalmen der Ausdruck schweren, auswegslosen Leidens; die Anklage Gottes drückt in den Klagepsalmen häufig das aus, was wir in säkularer Sprache als die ... Erfahrung des Abgrundes der Sinnlosigkeit benennen. Wenn Jesus am Kreuz diese Worte aufnimmt, tritt er damit in die tausendfache Leidenserfahrung seines Volkes hinein. Er ist damit nichts als ein Leidender unter Leidenden ... er ist einer von ihnen.«[7]

Wolfgang Feneberg kann die Ansicht einer ganzen Reihe von namhaften Theologen in folgenden Worten zusammenfassen: »In aller Ehrlichkeit wird ... in den Aussagen von Bultmann, Marxsen und anderen greifbar, wonach es durchaus möglich ist, daß der irdische Jesus am Kreuz verzweifelt, und in gar keiner Weise bewußt und freiwillig in den Sühnetod gegangen ist.«[8]

Hauptsächlicher Grund und Beleg für diese weitverbreitete Einstellung ist der sogenannte »Verzweiflungsschrei« Jesu am Kreuz, den die beiden ersten Evangelisten in fast identischen Worten berichten. Bei Matthäus heißt es:

»Um die neunte Stunde aber schrie Jesus auf mit lauter Stimme, sagte: Eli, Eli, lama sabachtani? Dies ist: Mein Gott, mein Gott, warum hast Du mich verlassen?« (Mt 27,46)

Ebenso berichtet uns Markus:

»Und in der neunten Stunde schrie Jesus mit lauter Stimme: Eloi, Eloi, lama sabachtani? Da ist verdolmetscht: Mein Gott, mein Gott, *wozu* hast Du mich verlassen?« (Mk 15,34)

Auf griechisch, und später auf deutsch, klingt das in der Tat wie ein verbitterter Aufschrei aus dem Abgrund letzter Ver-

6. Karl Rahner: Sacramentum Mundi II, Freiburg 1968, S. 951 f.
7. Claus Westermann: Theologie des Alten Testaments, 1978, S. 200.
8. Rupert und Wolfgang Feneberg: Das Leben Jesu im Evangelium, Herder 1980, S. 265 f.

zweiflung; ein Stöhnen unsäglicher Trauer aus dem Elend der Gottverlassenheit, das all die lebenslange Heilsgewißheit des Nazareners Lügen zu strafen scheint.
Doch der Schein trügt; die griechische Übertragung führt irre, und nur die Rückübersetzung in Jesu Muttersprache, im Zuge eines geistigen Zurücksteigens in die Umwelt jenes Kreuzeswortes, werden Jesu letzten Aussagen gerecht.

Auf Anhieb fällt auf, daß die angebliche Verzweiflung des »Eli, Eli«-Wortes allen anderen sechs Kreuzesworten widerspricht, die samt und sonders Zuversicht und Seelenruhe atmen. Mehr noch: Wie kann einer, der zu seinem gekreuzigten Leidensgefährten sagen kann: »Amen, ich sage Dir, heute noch wirst Du mit mir im Paradies sein« (Lk 23,43), im nächsten Atemzug der Resignation anheimfallen? Bei näherer Überprüfung fällt ebenso auf, daß, laut Mt 27,46, Jesus die Worte der angeblichen Verzweiflung *»sagte«* – wie der griechische Text es will.
Eines ist wohl mit Sicherheit anzunehmen: Eine Aussage wie »Mein Gott, warum hast Du mich verlassen?« kann man in Todesqualen entweder seufzen oder schluchzen; man kann sie weinen oder stöhnen, schreien oder heulen, aber einfach »sagen« kann man sie wohl kaum.

Die »gesagte« Verzweiflung

Es sei denn, wir übersetzen den Satz zurück in Jesu Muttersprache, in der die Psalmen – wie die päpstlichen Enzykliken – den Namen ihrer Anfangsworte tragen.
So zum Beispiel heißt Ps 115 »Lo Lanu«, auf deutsch: »Nicht uns (O Herr)«; Ps 137 heißt »An den Flüssen Babylons«, und Ps 104 hat im rabbinischen Sprachgebrauch keine Zahl, sondern wird »Barchi Nafschi« benannt, da sein erster Vers lautet: »Lobe Den Herrn, meine Seele!«
Bibelauszüge werden, der jüdischen Überlieferung gemäß, zwar häufig gesungen, vorgelesen oder vorgetragen, aber in

der Regel heißt es ganz bescheiden, daß sie einfach »gesagt« werden. So zum Beispiel lautet die Vorschrift, die Lobpsalmen 113–118 an bestimmten Festtagen zu lesen: »Den Hallel sagen«, und in der Haggada von Pessach heißt es von Moses Lobgesang am Roten Meer: »Wir wollen vor Ihm ein neues Lied *sagen.*«
Im Mittelalter hieß die Rabbinersfrau, die, parallel zum Kantor, in der Synagoge vorzubeten pflegte, »die Sagerin«. Ja, selbst das Denken ist für den Bibelmenschen »ein Sagen im Herzen«, wie es u. a. Ps 10,6.11 und Ps 14,1 bezeugen.
Da in der hebräischen Liturgie also die Psalmen weder rezitiert noch gebetet, sondern schlicht »gesagt« werden, so hieße die sinngemäß richtige Übersetzung von Mt 27,46:
»Jesus rezitierte den 22. Psalm«, der ja, wie bekannt, mit dem Aufschrei »Eli, Eli, ...« beginnt und daher auch diesen Namen trägt.
Es ist des öfteren der Einwand gemacht worden, daß ein Mensch in seinen Todesqualen am Kreuz nicht in Zitaten spreche, und schon gar nicht in den Worten eines längeren Psalms.
Hierzu erwidert Prof. Joseph Klausner, ein gläubiger Jude, in seinem Buch »Jesus von Nazareth«[9]:
»Diese Bemerkung ist nicht zutreffend. Jesus war so durchdrungen von dem Geist der Hl. Schriften, daß er bei der Taufe seine Laufbahn mit einem biblischen Zitat begann und sie bei seiner Kreuzigung mit einem Bibelzitat beschloß.«
Dasselbe wissen wir aus dem Munde glaubwürdiger Augenzeugen über etliche Rabbinen und Chassidim bei ihrem Eintritt in die Gaskammern von Auschwitz.
Jesus hat also Gott weder gebeten, vom Sterben verschont zu bleiben, noch bat er um einen leichteren Tod. Der Gott, der ihn allem Anschein nach verlassen hat, ist immer noch *sein Gott,* zu dem er in der Stunde äußerster Not mit den Worten seiner Väter betet.

9. Joseph Klausner: Jesus von Nazareth, Jerusalem 1952, S. 491

Mit seiner Anrede »Du« setzt er den Abwesenden Gott dennoch als gegenwärtig, sozusagen in »Hörweite« voraus – im krassen Gegensatz zur Frau des Hiob, die von Gott in der dritten Person spricht, nur um ihrem Gatten zu raten:
»Sage Gott ab und stirb!« (Hiob 2,9)
In der Finsternis größter Gottentfernung ahnt Jesus bereits den Aufgang neuer Gottesnähe, eine paradoxe Offenbarung, der Psalm 22 in seiner Gänze gewidmet ist. Die Vorstellung, daß Gott Seine Gerechten endgültig verwerfen könne, ist mit dem Glauben Israels und seiner Bundestheologie nicht vereinbar. Es war – und ist – möglich zu denken, daß Gott Seine Frommen *zeitweilig* den Drangsalen übergibt – um sie zu prüfen, zu erziehen, zu züchtigen oder zur stellvertretenden Sühnung – aber nicht für immer. Im jüdischen Gottesbild überwiegt stets »das Maß der Barmherzigkeit«, im himmlischen Heilshandeln »das Maß der Gerechtigkeit«. Und was Er gibt, wiegt immer viel mehr, als was Er nimmt.
Allem Anschein zum Trotz bleibt Er Der Gott, Der »nicht verachtet noch verschmäht das Leid des Elenden«, Der ihn seinen Widersachern »entreißt«, aus dem Untergang »errettet« und die Ihn Suchenden »erhört«, wie es in diesem Inbegriff der jüdischen Gottessuche heißt, die in Ps 22 vielleicht ihren beredsten Ausdruck findet. Geht es doch hier um das klassische Klagegebet, das alle individuelle Drangsal übersteigt, um zum gemeinsamen Glaubensaufschrei aller Geschundenen in diesem Hiobsvolk zu werden, das ein jeder Jude sich zu eigen machen kann. Geht es doch um das Erleiden der Gott-Vergessenheit, das vom gläubigen Juden als schlimmer empfunden wird als alle Qualen des Leibes. Diese Angst, von Gott verlassen zu werden, ist ein häufiges Motiv im Psalter, wo es jedoch meistens als Fürbitte oder als nachdrückliche Verneinung Ausdruck findet:

»Darum hoffen auf Dich, die Deinen Namen kennen; denn Du verläßt nicht, O Herr, die Dich suchen.« So betont Ps 9,11.

»Denn Du wirst mich nicht dem Tode überlassen und nicht zugeben, daß ein Heiliger das Grab sehe.« So lautet der Zuspruch im Ps 16,10.
»Denn Du bist meine Hilfe; verlaß mich nicht und tu die Hand nicht von mir ab, Gott, mein Heil!« So betet der Psalmist in Ps 27,9.
»Denn Der Herr liebt das Recht und verläßt Seine Heiligen nicht!« So verheißt es Ps 37,28.
»Verlaß mich nicht, Herr, mein Gott, sei nicht ferne vo mir!« So fleht der Beter in Ps 38,22.
»Verwirf mich nicht in meinem Alter; verlaß mich nicht, wenn ich schwach werde!« So lautet die Bitte im Ps 71,9.
Und wie eine Antwort lautet die Zusage in Ps 94,14: »Der Herr wird Sein Volk nicht verstoßen noch Sein Erbe verlassen.«

All diese noch zaghafte, aber unstillbare Hoffnung gegen alle Hoffnung schwingt in der Frage nach dem Grund der Gottverlassenheit, mit der Ps 22 anhebt, ganz unüberhörbar mit. In der Stunde größter Todesnot ringt das Herz mit dem Gefühl der Einsamkeit, das den Gläubigen in die Arme Gottes treibt. Im klagenden Gebet strebt er, eine tröstliche Verbindung herzustellen; eine Seelenbrücke zwischen dem eigenen Anliegen und Gottes unerforschlichem Willen; zwischen nagendem Zweifel und heilender Zuversicht; zwischen Bedenken und Vertrauen, das durch das Gebet die Liebe Gottes herabzuflehen weiß.

Aber kann man Gott anklagen und Ihm zugleich vertrauen; mit Ihm hadern und sich zu gleicher Zeit auf Ihn werfen?

Luther bejaht diese Frage, indem er in seiner Vorrede zu seiner Übersetzung des Psalters behauptet, »daß das allerbeste«, das er in den sogenannten Klagepsalmen finden konnte, »eben der Widerstreit solcher Worte gegen Gott und mit Gott« sei – ein Zwieklang, der ihnen »in doppeltem Maß Ernst und Leben« verleiht.

Doch wir haben ein noch klareres Zeugnis für diese gläubige Kontrastharmonie aus unseren Tagen. Diese selbsterlebte Antwort liefert Eli Wiesel, der leidgeprüfte Sprecher der Holocaust-Generation. In Auschwitz saßen einst zehn fromme Juden zusammen und hielten Gericht über Gott. Der Thora ge-

treu und den Propheten gemäß, klagten sie ihren Schöpfer an, Er habe Sein Volk verlassen und sei Seinen Verheißungen untreu geworden.
»Sollte Der Richter aller Welt nicht in Gerechtigkeit richten?« So lautete ihr Vorwurf mit den Worten Abrahams (Gen 18,25). Und mit Habakuk begehrten sie auf: »Herr, wie lange soll ich noch schreien, und Du willst nicht hören? Warum läßt Du mich Bosheit sehen und siehst dem Jammer zu?« (Hab 1,2)
Nächtelang ging der Prozeß hin und her, bis schließlich der Urteilsspruch erfolgte: »Gott ist schuldig.« Worauf der vorsitzende Rabbi zu seinen Freunden sagte: »Kommt, laßt uns zu Ihm beten!«
So tat es auch der leidende Gottesknecht bei Jesaja; so war auch Hiob auf seinem Scherbenhaufen schier entzweigerissen zwischen Qual und Hoffnung, und so tönt auch Jesu Klageruf »mit starkem Geschrei und vielen Tränen«, wie es uns der Hebräerbrief (5,7) berichtet – ein Gemisch aus Not und Zuversicht. Wie unzählige andere Juden in der Bedrängnis stellt Jesus harte Fragen an Gott; er stellt aber Gott nicht in Frage. Ganz im Gegenteil: Mit vollem Bewußtsein ruft er Ihn als seinen Gott und Retter an.
Doch auch seine Gottesfrage bedarf einer sprachlichen Korrektur: Bei Matthäus heißt sie »*warum* hast Du mich verlassen?«, während sie Markus genauer wiedergibt: »Mein Gott, *wozu* hast Du mich verlassen?«

»Wozu hast du mich verlassen?«

Wie so oft ist der älteste Evangelist dem ursprünglichen Wortlaut näher, denn das hebräische Anfangswort der Gottesfrage *»lama«* bedeutet inder Tat: *wozu*? zu welchem Zweck? – während *warum* auf hebräisch *maddua* hieße. Die beiden Vokabeln sind keineswegs Synonyme, denn das Wörtchen *warum* fragt nach einer objektiven Begründung; während die Vokabel *WOZU* das Ziel erkunden will. Das *WARUM* schaut nach

rückwärts und befragt die Vergangenheit; das *WOZU* hingegen schaut nach vorne und fragt in die Zukunft hinein.
Es ist wohl kein Zufall, daß in der hebräischen Bibel nur sechs Fragen, die an Gott gestellt werden, mit WARUM? beginnen, während 46 mit dem Wörtlein *WOZU*? anfangen.
»Warum hast Du mich verlassen?« Dieser Wortlaut klingt nach Vorwurf, nach einer Anklage, die nach Schuld sucht und Verunsicherung mitschwingen läßt.
»*Wozu* hast Du mich verlassen?« hingegen setzt voraus, daß auch die Agonie nicht zwecklos ist; daß Gottes Handeln ein klares Ziel verfolgt, daß aber der Beter um eine Eingebung fleht, die ihm den gottgewollten Sinn seiner Leiden offenbart.
Kurzum: Das *Warum* steht im Zwielicht der Skepsis; das *WOZU* aber verläßt den Boden des Glaubens nicht.
In Ps 49,6 heißt es: »WOZU soll ich mich fürchten in bösen Tagen, wenn mich die Missetat meiner Widersacher umgibt, die sich verlassen auf Hab und Gut und pochen auf ihren großen Reichtum?« Worauf die Antwort, einige Zeilen später, lautet: »Sie müssen ihr Gut anderen überlassen, Gräber sind ihr Haus immerdar ... dies ist der Weg derer, die voll Torheit sind ... aber Gott wird mich erlösen aus der Todesgewalt, denn Er nimmt mich auf. Sela.« (Ps 49,11–16)
Ebenso beginnt Ps 22 mit der zielbewußten Frage: »Mein Gott, *wozu* hast Du mich verlassen?« – die dann zum Jubelruf »Du hast mich erhört!« führt (Ps 22,21), um mit einem Lobgesang der Heilsgewißheit auszuklingen (Ps 22,23–32).
In beiden Psalmen geht es also, recht gesehen, um die Sinnfrage; nicht um die Frage der Theodizee.

Doch was sagt die alte Überlieferung der Rabbinen zum Anfangsvers von PS 22?
Vorerst, daß unter den sieben hauptsächlichen Gottesnamen, die in der Bibel vorkommen, ein jeder spezifische Attribute Des Allmächtigen bezeugt. So z. B. gilt Das Tetragramm als Zeichen der Langmut Gottes; »Elohím« bezeugt Gott als Den Gerechten Richter, während

»El«, der Selbstoffenbarung Gottes in Ex 34,6 gemäß, die Barmherzigkeit, Gnade und Treue Gottes zum Ausdruck bringt. Wo Gott »El« benannt wird, soll auf Seine unverbrüchliche Zuverlässigkeit hingewiesen werden, die dem, der Ihm vertraut, Seine Treue bewahrt. Ebenso betonen die Rabbinen, daß eine unmittelbare Frage an Gott, wie sie Hiob häufig aufbegehrend, herausfordernd oder allzu selbstsicher stellt, keineswegs der Ausdruck von Verzweiflung sein kann, sondern einer abgrundtiefen Zuversicht entspricht, die um Beistand in der Not betet. Die Verdoppelung von »Mein Gott« zu Anfang des Psalms deutet die Überlieferung als »Mein Gott hier«, in der sichtbaren Welt, und »Mein Gott dort« in der Verborgenheit. Also: Überall ist Er mein Gott, sowohl im Diesseits als auch im Jenseits; in diesem Leben und im Leben nach dem Tod.

In diesem Sinne legt der Talmud diesen Hilfeschrei aus Ps 22 der Königin Esther in den Mund, nachdem sie drei Tage lang für ihr bedrängtes Volk gefastet hatte.

»Und am dritten Tag zog sich Esther königlich an« (Est 5,1), so heißt es, wobei die Tradition betont, es habe sich nicht nur um Prunkgewänder gehandelt, sondern vor allem um den Hl. Geist, der sie vollauf umhüllte. Auf dem Weg zum Thronsaal des Palastes jedoch, »als sie an das Götzenhaus herangereicht war, wich der Hl. Geist von ihr, worauf sie notgedrungen ausrief: ›Mein Gott, mein Gott, wozu hast Du mich verlassen?‹ – worauf sie erhört wurde.«[10]

Der Midrasch zu Ps 22 nimmt dieses Thema auf, indem er es vertieft: »Am ersten Tage sprach Esther: Mein Gott!; am zweiten Tage sprach sie ebenso: Mein Gott! Am dritten Tage aber sagte sie: Wozu hast Du mich verlassen? Als sie hierauf mit großer Stimme rief: ›Mein Gott, mein Gott, wozu hast Du mich verlassen?‹, wurde sie sofort erhört.«

»Und warum drei Tage?« So fragt der Midrasch – nur um zu antworten: »Weil Der Heilige, gelobt sei Sein Name, die Kinder Israels nie länger als drei Tage in Not läßt.« Worauf eine längere Aufzählung von »Drei-Tage-Stellen« folgt[11], gekrönt vom Prophetenwort: »Der Herr wird uns beleben nach zwei Tagen, am dritten Tag wird Er uns aufstehen lassen und wir werden vor Ihm leben.« (Hosea 6,2)[12]

Nicht auszuschließen ist der Gedanke, daß »die große Stimme«, mit

10. Meg 15a–b.
11. Gen. 22,4; Gen. 42,17; Ex 15,22; II Kö 20,5; Jos. 2,16; Jona 2,1.
12. Midrasch Tehillim, August Wünsche (Hrsg.) Trier 1892, S. 192f.

der Esther um Hilfe flehte, auch die Tradition beeinflußte, der gemäß Jesus denselben Psalmvers »mit großer Stimme« sprach (Mk 15,34) – worauf »der dritte Tag« in beiden Fällen zur Heilszeit der himmlischen Erhörung wurde.
Zu erwähnen wäre auch die rabbinische Tradition, die im Ps 22 das Gebet Esthers sieht, bevor sie vor König Ahasveros erschien, »um ihr Volk zu erretten« (Est 7,3), was der Sendung Jesu entspricht, der ja, nach Mt 1,21, zur Welt kam, um »sein Volk von seinen Sünden zu erlösen« – ein Satz, der aus Ps 130,8 entnommen ist, der schon früh messianisch gedeutet worden war. Daß beide – Esther und Jesus – mit Königstiteln bedacht wurden; daß beide Todesqualen zu durchleiden hatten und beide bereit waren, für ihr Volk zu sterben (Est 5,16; Mt 26,28); ja, daß dieser »Estherpsalm« im Tempel am 14. Tag des Monats Nisan gelesen wurde – das sind nur einige der Querverbindungen, die in der alten Überlieferung das Schicksal beider Glaubensgestalten mit Ps 22 verknüpfen[13].

Aber hatte Jesus denn am Kreuz noch genügend Kraft, um den ganzen Psalm 22 zu Ende zu beten; oder starb er nicht »mit einem gewaltigen Schrei«, gleich nach dem ersten Vers, wie es die brutal-realistische Schilderung der Passion bei Markus nahelegt?
Die jüdische Tradition neigt zu einer Verneinung dieser Frage. Sie kennt Fälle von Gekreuzigten, die bis zu fünf Tage lang am Leben blieben – lange genug, um ihre Begnadigung mittels Bestechungsgeldern bei den Römern zu erwirken und sie nach der Abnahme vom Kreuz gesund zu pflegen[14].
Daher galt die Tatsache, daß ein Mann am Kreuz hängend gesehen worden war, nicht als juridisch hinreichender Beweis, daß er tatsächlich gestorben war[15]. Nach dem Talmud konnte die Gattin eines Gekreuzigten nur dann wieder heiraten, wenn der Tod ihres Mannes von glaubwürdigen Zeugen festgestellt worden war oder wenn er, vom Kreuz aus, in eine Scheidung

13. Vgl. Louis Ginsburg: The Legends of the Jews, Philadelphia 1968, Band VI, S. 472 f.
14. Jeruschalmi Jebamot 15c.
15. Jeb 16,3.

eingewilligt hatte[16]. So spricht also vieles dafür, daß Jesus sein langsames Absterben in vollem Bewußtsein erlebt hatte[17].

Eli-Eli

Wir finden aber auch in den Passionsgeschichten selbst zwei wertvolle Hinweise, die diese Wahrscheinlichkeit erhärten. Sowohl in Mk 15,35 als auch bei Mt 27,47 heißt es nach dem Psalmwort Jesu: »Einige aber der Dabeistehenden hörten (es) und sagten: Den Elias ruft er!«

Um dieses Elias-Mißverständnis zu klären, müssen wir vorerst den ursprünglichen Psalmtext unter die Lupe nehmen, der angeblich den Anlaß dazu gegeben hat.

Hier stellt sich zu unserem Erstaunen heraus, daß Markus und Matthäus je sieben verschiedene Lesarten und Varianten in den ältesten Handschriften aufweisen, die sowohl Mischformen aus dem Hebräischen und Aramäischen als auch Verballhornungen, Entstellungen und Lesefehler enthalten.

Mit den Worten von Krister Stendahl, der diesen Wortbestand einer Überprüfung unterzogen hat:

»Weitgehende Verwirrung herrscht in den Handschriften vor, teils wegen ungenügender Kenntnis des Hebräischen und des Aramäischen, teils aufgrund absichtlicher Veränderungen.«[18]

Ebenso sicher ist es, daß das »Eloi, Eloi«, das Markus 15,34 bringt, nicht aus dem geläufigen Targum stammen kann, da dieser das »Eli, Eli«, das Mt 27,46 zitiert, bereits als landläufigen Hebraismus rezipiert hat. Was die Redaktoren oder Abschreiber der griechischen Evangelientexte zu eigenwilligen Änderungen motivieren konnte, bezeugt u. a. der Kirchenvater Epiphanius, der in seiner Polemik gegen die Arianer be-

16. Gittin 70b.
17. Vgl. Hans Ruedi-Weber: Kreuz, Stuttgart 1975, S. 22.
18. Krister Stendahl: The School of St. Matthew, Uppsala, 1954, S. 85.

haupten kann, Jesus habe die ersten zwei Worte »Eli, Eli« auf hebräisch, jedoch die beiden letzten »lama sabachtani« auf aramäisch zitiert, auf daß nicht nur Judenchristen, sondern auch Heidenchristen symbolischen Anteil an der Sühnewirkung seiner Passion haben mögen[19].
Wir dürfen uns daher getrost der Meinung Gustaf Dalmans anschließen, der, trotz der Landläufigkeit des Aramäischen zu Jesu Zeiten, überzeugt ist, daß Jesus den Psalm »auf hebräisch zitiert hat«, da »die hebräische Sprache als heilige Sprache stets die Sprache des Gottesdienstes, der Gerichtsverhandlungen, der Gelehrsamkeit und der Literatur blieb«.[20]
Wenn dem so ist, erweist es sich als schwierig, das Mißverständnis der Umstehenden nachzuvollziehen, denn »Eli, Eli« klingt kaum wie »Elia« oder »Eliahu«, wie der allen als Nothelfer bekannte Prophet auf aramäisch und hebräisch heißt. Auch Joachim Gnilka meint in seinem Markuskommentar: »Eine Verwechslung von ›Eloi‹ und ›Elia‹ ist akustisch und philologisch kaum möglich.« (EKK a.a.O. S. 322)
Einleuchtender wäre die Annahme, daß Jesus sich in der Tradition seines Volkes (wie in den sogenannten »Aufstiegsgebeten« der Psalmen 120–134) schrittweise zur Heilsgewißheit emporgerungen hat.

Kurzum, er betete weiter: Von der tiefen Bedrückung der ersten zwei Verse, zur Trostsuche der Verse 3–5, die sich der Erinnerung an die den Vätern angediehenen Heilstaten Gottes bedient, um den Beter der Mutlosigkeit zu entreißen. Doch noch vergeblich: In den Versen 6–8 gewinnt die Aussichtslosigkeit die Oberhand – aber nur vorübergehend, denn das Gedenken an die einstige Geborgenheit bei seiner Mutter richtet den Niedergeschlagenen wieder auf. »Ich bin ein Wurm und kein Mensch, der Leute Spott«, so hieß es kurz zuvor aus sei-

19. Panarion III, 68–69.
20. G. Dalman: Die Worte Jesu, Gütersloh 1898, S. 42f.

nem Munde, doch *nun* siegt das Urvertrauen der Kinderjahre:
»Du bist es, Der mich aus dem Schoß der Mutter zog, mich barg an der Brust der Mutter« (Vers 9). Dieser unzerstörbare Ursprungsglaube, der nun wieder Vertrauen einzuflößen vermag, gipfelt im Umschwung, der mit Nachdruck sagen kann:
»Vom Mutterleib an bist Du mein Gott!«
Durch zwei Notschilderungen und zwei Vertrauenserinnerungen hindurch wird das gleichsam noch zitternde »Mein Gott, mein Gott« der anfänglichen Anrede mit steigender Hoffnung angereichert, um nun in einem Bekenntnis zu gipfeln, das wie die Antwort auf die Frage nach der scheinbaren Gottverlassenheit des Anfangs klingt:
Ja, Du bist mein Gott, Dem ich mein Dasein verdanke; auch in der schwersten Not bist und bleibst Du mein Gott! Und, der Verdopplung »Eli, Eli« des Anfangs gemäß, pflegen die Frommen in Israel diese beherzte Aussage, mit der Vers 11 endet, zwiefach zu bestätigen:
ELI ATTA! ELI ATTA! (Mein Gott bist Du!)
Dieser aus vollem Herzen erhobene Gebetsruf kann jedoch, ohne einen einzigen Laut zu ändern, auch als »Elia – ta« mißverstanden werden, was auf aramäisch, ähnlich dem »maranata« der Urgemeinde (I Kor 16,22), die Bedeutung von »Elia, komm!« hat.
Hier, in Vers 11, laut gerufen und als Zeichen keimender Erhörungsgewißheit zwiefach gebetet, läge ein plausiblerer Grund für das Mißverständnis der Dabeistehenden.
Er wäre auch ein Beweis dafür, daß Jesus keineswegs in Verzweiflung, sondern in jenem unerschütterlichen Gottvertrauen gestorben ist, das seinen ganzen Lebensweg geprägt hatte.

Es gibt aber noch einen Hinweis im Neuen Testament, der es höchst wahrscheinlich macht, daß Jesus nicht nur bis zur Stimmungswende von Vers 11 gelangt ist, sondern imstande war, den ganzen Psalm 22 bis zu Ende zu beten, ehe er »mit einer großen Stimme« verschied. (Mk 15,37)

Jesu letztes Wort lautet im Johannesevangelium: »Es ist vollbracht! Da neigte er das Haupt und starb« (Jo 19,30).
Dieses Sterbewort ist aber auch das Schlußwort von Ps 22, dessen letzter Vers mit jener neugewonnenen Heilsgewißheit des Beters ausklingt, die ihn so sehr beseelt, daß er sie auch der Nachwelt der noch Ungeborenen hinterlassen will: »... sie werden Seine Heilstat verkünden dem Volk, das erst geboren wird: daß Der Herr es vollbracht hat.« (Ps 22,32)[21]
Der vierte Evangelist übersetzt zwar das hebräische »ki assa«, das wortwörtlich »Er hat es getan« bedeutet, nicht mit epoiésen, teteles-tai, sondern setzt sinngemäß, um in dem einen Wort all die Aussagekraft zu verdichten, die den letzten beiden Versen (31–32) innewohnt. Dies verleiht nun in der Tat dem Sterbewort Jesu den gebührenden Nachdruck – ohne dem Urtext Gewalt anzutun.
Johannes hat hierfür auch einen Präzedenzfall in Jes 55,11, wie Erich Fromm[22] bezeugt, dem ich diesen Hinweis verdanke.
Dort übersetzt die Septuaginta, in einem ähnlichen Zusammenhang, das hebräische »assa« mit tetelestai, so daß es nun vom verheißenen Gotteswort lautet:
»Es wird nicht wieder leer zurückkommen, sondern wird *vollbringen*, was Mir gefällt, und ihm wird gelingen, wozu Ich es sende« (Jes 55,11) – ein Gedanke, den Ps 22 vollends bekräftigt.
J. Becker scheint auf der richtigen Spur zu sein, wenn er diesen Schluß unseres Psalms mit Jes 44,23 in Zusammenhang bringt:
»Jubelt, Ihr Himmel, denn Der Herr hat es *vollbracht*... ER hat Jakob erlöst und Sich an Israel verherrlicht.«
Einen letzten Hinweis auf Jesu Zu-Ende-Beten von Psalm 22 liefert uns der Hebräerbrief, der von Jesu Passion als seiner

21. Übersetzung von H. Gese: Psalm 22 und das Neue Testament in ZThK 65/1 S. 3.
22. Erich Fromm: Ihr werdet sein wie Gott, Hamburg 1980, S 186 ff.

»Vollendung durch Leiden« (Hebr 2,10) spricht und fortfährt: »Deswegen schämt er sich auch nicht, sie (die Jünger) Brüder zu nennen, indem *er sagt:* ›Ich will Deinen Namen meinen Brüdern verkünden, inmitten der Gemeinde will ich Dich lobpreisen!‹ (Ps 22,23)«

So mag also Justinus Martyr recht haben, wenn er bereits im 2. Jahrhundert in seinem »Dialog mit Trypho«[23] behauptet, der Anfang von Ps 22 in den Passionsberichten von Markus und Matthäus stünde als pars pro toto, denn Jesus habe am Kreuz »den ganzen Psalm« gebetet.

Alphons Deissler bestätigt diese Annahme: »Auch wenn nur die Eingangsworte zitiert sind, muß man den ganzen Psalm durch Jesus gesprochen denken.«[24]

Daß die Evangelisten – oder ihre vorkirchlichen Quellen – den Volltext dieses Psalms im Sinne hatten, ergibt sich auch aus der Vielzahl der Zitate und Anspielungen auf Psalmen, die sie in ihre Schilderungen der Passion in einer Art verarbeitet haben, die häufig an den Pescher-Typ der freien Deutung, wie sie in Qumran üblich war, erinnert (vgl. I QpHab). Er wird nicht weniger als neunmal zitiert und in etlichen anderen Passagen paraphrasiert.

So z. B. stammt der Aufschrei Jesu (Mt 27,46; Mk 15,34) aus Vers 6: »Zu Dir (O Herr) schrien sie und wurden gerettet.« Die Verspottung Jesu in Joh 19,3 beruft sich auf Vers 7b: »(ich bin) ein Spott der Leute und verachtet vom Volk.« Die Verhöhnung am Kreuz (Mt 27,39–44; Mk 15,29–32; Lk 23,35–40) entstammt dem 8. Vers:

»Alle, die mich sehen, spotten über mich«, – wobei Lk 23,35 die Worte »alle, die mich sehen« in eine gleichwertige Aussage »Da stand das Volk und schaute«, abwandelt.

Das »Kopfschütteln« der Vorbeiziehenden (Mk 15,29; Mt 27,39) kommt aus der zweiten Hälfte des 8. Verses:

23. Justinus Martyr: Dialogus Cum Tryphone Judaeo, cap. 98 f.
24. Alfons Deissler: Mein Gott, warum hast Du mich verlassen! (Ps 22,2), Das Reden von Gott und zu Gott in den Psalmen, in: Stuttgarter Bibelstudien Nr. 100, 1981, S. 120 f.

»Sie verziehen die Lippen; schütteln den Kopf.«
Das Gottvertrauen im Munde der Spötter (Mt 27,43) wurde fast wörtlich dem 9. Vers entnommen: »Er hat es auf den Herrn gewälzt, Der rette ihn. Der mag ihn erretten, denn Er hat ja Gefallen an ihm.«
Die lautstarken Anklagen der Hohepriester vor Pilatus (Jo 19,6) bezeugen textuelle Ähnlichkeit mit dem 14. Vers:
»Sie haben ihr Maul gegen mich aufgesperrt.«
Das Jesuswort »mich dürstet« (Jo 19,28) gleicht dem 16. Vers:
»Meine Zunge klebt an meinem Gaumen.«
Die dritte Leidensankündigung, in der Jesus voraussagt, er werde »den Heiden« übergeben werden, »um ihn zu verspotten und zu geißeln und zu kreuzigen« (Mt 20,19), scheint an die Septuaginta-Übersetzung von Vers 17 anzuknüpfen – wobei »Hunde«, wie Jesus selbst bezeugt (Mt 15,26 und Mt 7,6) ein landläufiges Synonym für damalige »Heiden« war:
»Denn Hunde haben mich umgeben, sie haben meine Hände und Füße durchgraben.«
Sowohl die Verteilung der Kleider als auch das Loswerfen um sein Gewand, das alle vier Evangelien bringen (Mk 15,24; Mt 27,35; Lk 23,34; Jo 19,24), wird fast im Wortlaut des 19. Verses übernommen, wo es heißt:
»Sie teilen meine Kleider unter sich, und über mein Gewand werfen sie das Los.«
Die Worte des Auferstandenen: »Geht hin, verkündet meinen Brüdern!« (Mt. 28,10) sind ebenso deutlich dem 23. Vers entliehen: »Verkünden will ich Deinen Namen meinen Brüdern.«
Wenn dann ein römischer Centurio, als erster Heide (Mk 15,39), Jesus als »Gottessohn« anerkennt, ruft er das Gotteslob »der Heidenvölker« aus, das der 28. Vers voraussagt. Und wenn hierauf sogar die Toten auferstehen, um Gott zu bekennen (Mt 27,52), erfüllt sich hiermit die Weissagung aus Vers 30:
»Nur vor Ihm werden niederfallen alle, die in der Erde schlafen.«

Im Lichte von Psalm 22

Kurzum, die älteste Interpretation des Todes Jesu, ja, die älteste Darstellung des Golgothageschehens wurde im Licht von Ps 22 erfaßt und dargestellt. Und das keineswegs von unge-

fähr. Denn wie kaum ein anderer Psalm durchschreitet Ps 22 die gesamte Bandbreite der gläubigen Gefühlswelt: Aus der Talsohle äußerster Verzweiflung führt der lange Schmerzensweg hinauf zum endgültigen Vertrauen, das als Werk Gottes empfunden wird. Ein Heilswerk, das Er *am* Beter und *in ihm* vollbracht hat. All dies mutet wie ein Ebenbild des emotionellen Überganges der Urgemeinde von der Todesbetrübtheit am Karfreitag zum himmelhoch Jauchzen des Ostersonntags an.
Alle Stadien durchläuft dieser Prototyp alles Betens in menschlich nachfühlbarer Eindrücklichkeit: Vom bitter klagenden Beter zum inbrünstig Flehenden, der mit sich selbst und dem Himmel ringt; dann zum Gottesstreiter, der mit seinem Schöpfer um jenes Urvertrauen rechtet, das dann plötzlich, wie eine blitzartige Eingebung (Vers 21), zur inneren Wende führt: »Du hast mich erhört!«
So bricht es aus seinem Herzensgrund heraus, womit »der Wurm«, der kaum noch Mensch war, sich in den Danksager verwandelt, der allem Elend zum Trotz wieder Gottes Treue und Seinen Heilswillen erfahren kann. So groß ist diese schmerzbesiegende Zuversicht, so stark das neugewonnene Bewußtsein der Gottesnähe, daß die letzten begeisterten Verse mit der messianischen Hoffnung auf die Erlösung der gesamten Menschheit – alle Völker, ihre Toten und die Zukünftigen – ausklingen können.

Doch wir wollen uns mit dieser Beschreibung nicht begnügen. Nur eine Art von Tiefenanalyse kann das Gesamtbild von Ps 22 gebührend verdeutlichen.
Der Notleidende beginnt im Elend mit der Katharsis einer zugleich ängstlichen, aber auch von Angst befreienden Frage an Gott, ob Er ihn denn wirklich verlassen habe. Seine Heilserinnerungen neigen zur Verneinung dieser Urfrage; wogegen seine Noterfahrung sie zu bejahen droht. Diese Kluft wird nicht nur aufgerissen und ausgehalten, sondern bis auf die Spitze getrieben. In den drei ersten Fürbitten aber zeigt sich

bereits das keimende Vertrauen auf einen persönlichen Gott als schlechthinnige Emunah: Ein fragloses Sich-Festmachen, das in der Erinnerung wurzelt an neu vergegenwärtigte Heilstaten Gottes, denen ganz Israel sein Überleben verdankt.
So sind also die »Feinde«, die das Leben des Beters gefährden, nur der Hintergrund, von dem nichts erwartet wird; die fragende Klage richtet sich einzig und allein an Gott, Der zwar nicht als Nähe erfahren, wohl aber als Der Nahe geglaubt wird. Gott wird als Der Urheber der Not und ihrer ersehnten Beseitigung angesprochen: Die Gottesferne und Seine »Erhörnähe«; menschlicher Behauptungswille und die demütige Anerkennung Gottes; Zweifel und Gewißheit; Enttäuschung und Hoffnung – diese dialektische Spannung der gesamten Geschichte Israels wird so lange in all ihrer Widersprüchlichkeit durchgekämpft, bis sie sich zu einer begreifenden Einheit verschweißt. Indem der Hiobsmensch in seiner Todesangst seinen Glauben an den Heilsgott zu behaupten vermag, behauptet er sich selbst, seine Zuversicht und sein Leben – auch über die Schranken des Todes hinweg.
Anders gesagt: Diese Zerreißprobe des Haderns und Rechtens mit Gott, Der ihm letzten Endes sein Recht gewährt, das ist der Ernstfall jüdischen Glaubens – von den Erzvätern an über den Sinai und den Golgotha bis nach Auschwitz. Die plötzliche Anerkennung der Treue und der erlösenden Gnadenliebe Gottes ist also nicht das Ergebnis einer mirakelartigen Errettung aus Not und Tod, sondern das weitaus überraschendere Wunder des Sieges der Gläubigkeit über alle Anfechtungen, Gefahren und Leiden. Und so wird die erlebte Treue Gottes zum Anlaß eines Lobpreises, der nicht nur der gesamten Betgemeinde Israels neue Heilsgewißheit einflößen soll, sondern auch den Nachkommen, der Umwelt und »allen Stämmen der Weltvölker«, auf daß auch sie aus der schmerzlichen Dialektik allen Menschseins den heilvollen Ausweg des Glaubens finden mögen.
Denn letzten Endes ist ja das Glauben von Juden und Christen kein Aberglaube – wohl aber ein beharrlicher Aber-Dennoch-

Glaube; ein gewaltiges Wagnis der Seele, das nur im Leid und in der Selbstüberwindung, im Widerstand und in der Ergebung; in der Klage und der Hingabe zur Mitte unseres gelebten Glaubens heranreifen kann.
Lukas scheint all dies nicht mehr ganz verstanden zu haben, wußte aber offensichtlich von »Augenzeugen und Dienern des Wortes« (Lk 1,2), daß Jesus mit einem beherzten Psalmenwort gestorben war, das keineswegs mit dem Zitat »Mein Gott, warum hast Du mich verlassen«, die seine Markusvorlage enthielt, übereinstimmen konnte. Und so ersetzte er es durch ein anderes Zitat aus Ps 31,6, das im Grunde einer Kurzfassung des ganzen Ps 22 gleichkommt und zugleich auch die Gesinnung Jesu zum Ausdruck bringt: Das Sich-Loslassen, Sich-auf-Gottes-Liebe-Werfen und zuletzt: Das in Not gestählte Vertrauen, das alle Pein überwindet. All dies heißt in der Stenographie des Psalters: »Vater, in deine Hand übergebe ich meinen Geist.« (Lk 23,46)

Wir können zusammenfassen: Von vielen jüdischen Märtyrern wird berichtet, sie seien, trotz Folter und Brutalität, im vollen Glauben ihrer Väter gestorben. Rund 200 Jahre vor Golgotha starb der Makkabäerpriester Eleasar auf der griechischen Folterbank mit den Worten:
»Der Jugend hinterlasse ich ein Beispiel, wie man mutig für die heiligen Gesetze eines schönen Todes stirbt.« (II Makk 6,28)
Als man Rabbi Akiba, ein Jahrhundert nach Golgotha, zur Hinrichtung durch römische Legionäre hinausführte, »kämmte man sein Fleisch mit eisernen Kämmen . . . er aber nahm willig das Joch Der Gottesherrschaft auf sich und betete – inmitten der grausamsten Tortur – das Bekenntnis Israels . . . und lächelte. Als der römische Befehlshaber ihn fragte, weshalb er lächle, war seine Antwort: ›Mein ganzes Leben lang habe ich gebetet: „Du sollst Den Herrn, deinen Gott, von ganzem Herzen und mit deiner ganzen Seele und mit all deiner Kraft lieben.“ Nie konnte ich Ihn ›mit ganzer Seele‹ (was ›Le-

ben‹ bedeutet) lieben – bis zu diesem Augenblick. Deshalb sterbe ich glücklich.«[25]

Sollte Jesus kleinmütiger gewesen sein?

Alle Hinweise, die uns die Quellen bieten, widersprechen dieser Meinung und plädieren dafür, daß er sich weder in der Todesangst zu Gethsemane noch in seiner Agonie auf Golgotha von Gott verlassen wußte. Wie er gelebt hatte, so starb er auch: mutig in der Hoffnung, ein Vorbild der Zuversicht, der sich ganz und gar auf Gott verläßt und sein Schicksal dem Geber und Nehmer alles Lebens anheimstellt.

25. Ber 61b.

Die Leiden des Gottesknechtes
Jüdische Deutungsversuche

Das dreiundfünfzigste Kapitel des Buches Jesaja gehört zu den kürzeren Aussagen des großen Propheten – und dennoch ist es wohl die reichste Perikope in der Fülle ihrer verschiedenen Auslegungen – die von frühen Makkabäerzeiten bis in die Neuzeit hinein reichen. Der Grund: Dieses sogenannte vierte Lied vom leidenden Gottesknecht ist zwar in eine knappe, wuchtige Sprache gekleidet, aber sein Sinn ist vieldeutig und häufig mit subtiler Allegorie umwoben. Es ist, als ob dieses letzte Lied vom Leidensknecht mit Absicht so gesungen wurde, um eine Vielzahl von Deutungen herauszufordern, vielleicht, wie Paulus sagt, »damit die mannigfaltige Weisheit Gottes kundgetan werde«. (Eph 3,10)

Deutlich ist, daß hier eine ganz neuartige Antwort auf die uralte Frage nach den Leiden der Gerechten gegeben wird: Warum läßt Gott ausgerechnet die Frömmsten auf Erden den Kelch der Schmerzen bis zur Neige auskosten? So tönt und so stöhnt es immer wieder aus der Glaubensliteratur Israels.

Auf die Frage nach dem Bösen in der Welt – das Bollwerk des Atheismus, wie Martin Buber sie nannte –, die letztlich der Klage um die Leiden der Gerechten zugrunde liegt, gibt es sechs mögliche Antworten:

Die Antwort des Atheismus, der Gott leugnet und das Böse in der menschlichen Unmenschlichkeit entdeckt; die Antwort des Deismus, die Gott nur als Schöpfer anerkennt, nicht aber als Richter der Welt; die Antwort, die keine Antwort geben kann, da Gottes Wege unerforschbar sind; jene Antwort, die die menschliche Willensfreiheit als Grundtatsache akzeptiert und daher den Menschen die Verantwortung für das Böse aufbürdet. Schließlich die Antwort, die die Existenz des Bösen leugnet, wie es die Mystiker tun, die nur das Noch-nicht-Gute kennen, das lediglich der Unterweisung bedarf, um gut zu werden, und als letzte diejenige, die im Dualismus eine Erklärung des Bösen finden will: Die Welt gilt hier als Schlachtfeld zwischen Gott und Satan, wobei der Sieg des Guten keineswegs gesichert ist.

All diese sechs Notlösungen waren schon zu Bibelzeiten wohl bekannt, wie wir es aus den Widerlegungen der Propheten und Psalmisten herauslesen können – und dennoch hörte der jüdische Geist nie auf, über das Unfaßbare zu grübeln, um eine zufriedenstellendere, gottgefälligere Antwort auf das Urproblem aller Theologie zu finden. Vor allem aber war es das Herz, das gequälte, leidende, oft brechende Herz der Hebräer, das in der Stunde der bittersten Not immer wieder aufschluchzte:
»Mein Gott, mein Gott, wozu hast Du mich verlassen?«
Jesajas vier Lieder vom »Knecht Gottes«, die im großen Hymnus von Jes 52,13–53,12 gipfeln, schildern den Gottesknecht als einen unansehnlichen Mann, der weder Gestalt noch Schönheit besaß, von Krankheiten geplagt und schließlich hingeschlachtet wurde, um unter Übeltätern sein Grab zu finden. Erst später wurde offenbar, daß gerade dieser Namenlose, der solch unverdientes Elend trug, der Erwählte des Herrn war, der die Sünde anderer auf sich genommen hatte, um ohne Klage und Anklage für sie zu büßen. Der Verworfene ist also der Auserkorene; der unschuldige Sündenträger wird zum großen Entsühner – womit die Idee des stellvertretenden Sühneleidens zur Welt kam – eine Vorstellung, aus tiefster Not geboren, die alle Grenzen menschlicher Logik sprengt, nicht aber die der Theo-Logik, die einem Glauben entspringt, der häufig zu tieferen und tröstlichen Einsichten verhelfen kann.
Aber wer ist der unbekannte »Knecht Gottes?«
Bei der Durchmusterung dieses zentralen Begriffes im jüdischen Schrifttum fällt auf, wie viele Gestalten in der Bibel mit der Bezeichnung beschrieben werden:
Als »Knecht Gottes« gilt in diesem Sinne nicht nur Mose (Nu 12,7f.) und Josua (Jo 24,29) wie auch König David (II Sam 3,18; 7,5.8) und die Propheten (II Kön 17,23; Am 3,7), sondern auch wiederholt das ganze Volk Israel – insbesondere bei Je-

saja selbst, wo wir lesen: »Du aber, Israel, Mein Knecht; Jakob, den Ich erwählt habe« (Jes 41,8) und, kurz darauf: »Du bist Mein Knecht, Israel, durch den Ich Mich verherrlichen will« (Jes 49,3) und, noch bedeutsamer, in der Schlüsselstelle, die Israels universale Mission an der Völkerwelt betont:
»Es ist nicht genug, daß du Mein Knecht bist, um ... die Zerstreuten Israels wiederzubringen; Ich habe dich auch zum Licht der Heiden gemacht, auf daß du seist Mein Heil bis an die Enden der Welt.« (Jes 49,6)

Die autobiographische Auslegung

Und dennoch stützt sich die älteste uns bekannte Deutung auf eine apokryphe Überlieferung vom Martyrium des Jesaja, der unter dem abtrünnigen Ketzerkönig Manasse in einen hohlen Baum geklemmt und lebendig durchsägt worden sein soll. So heißt es am Ende der »Himmelfahrt Jesajas«, einer Schrift, die höchstwahrscheinlich in ihrer Urfassung aus dem ersten vorchristlichen Jahrhundert stammt:
»Jesaja aber schrie weder noch weinte er, als er zersägt wurde, sondern sein Mund unterhielt sich mit dem Heiligen Geist, bis er entzweigesägt war.« (Ascensio Jesaiae 5,14)
So könnte also das Klagelied von dem Märtyrerpropheten entweder als autobiographische Voraussage oder als Postscript eines seiner Jünger aufgefaßt werden, wie es in der Tat auch in einem Strang der rabbinischen Tradition geschah.
Und das um so mehr, als das Prophetenschicksal in Israel fast ausnahmslos zur Leidensgeschichte geworden ist.

So zum Beispiel mußte Elia fliehen, um das nackte Leben zu retten, da sowohl König Ahab als auch seine Gattin Isebel ihn umbringen wollten. Micha wurde geschlagen und ins Gefängnis geworfen; Amos riskierte sein Leben wiederholt und wurde des Landes verwiesen; Uria wurde vom König Jojakim ermordet; Sacharia wurde zu Tode gesteinigt (II Chron 24,20–21) und Jeremia wurde halb tot geprügelt und in den tiefsten Kerker gestoßen, wo er seine Verzweiflung in Worte faßte, die unzweideutig an Jesajas Schmerzensmann erinnern:

»Denn ich war wie ein argloses Lamm gewesen, das zur Schlachtbank geführt wird, und wußte nicht, daß sie gegen mich beratschlagt und gesagt hatten: Laßt uns den Baum in seinem Saft verderben und ihn aus dem Land der Lebendigen ausrotten, so daß seines Namens nimmer gedacht werde!« (Jer 11,19)

Bei Ezechiel heißt es sogar, daß er als nationaler Prügelknabe stellvertretend die Missetaten seines ganzen Volkes trug:

»Du sollst dich auf die linke Seite legen und die Schuld des Hauses Israel auf dich legen. So viele Tage du da liegst, so lange wirst du auch ihre Schuld tragen.« (Ez 4,4)

All dies wurzelt im Urproblem der Geschichte aller Großreligionen: Wie hält der Mensch dem, was anderswo Göttliche Sendung oder »Auftrag von Oben« heißt, im alten Israel aber »Salbung« genannt wird, stand? Die Geschichte des Königtums im biblischen Gottesvolk ist im großen und ganzen eine Geschichte der unerfüllten Salbung durch die Gesalbten. Daraus allein ist die Entstehung des Messianismus als Glaube an »Den Gesalbten«, der die Salbung verwirklichen wird, zu erklären.

Nun aber, in dieser Notlage des versagenden Königtums, ersteht die neue Führergestalt, die »geschichtswidrigste«, wie Martin Buber ihn nennt, denn sie wird eingesetzt gegen den König und seine Macht. Mehr noch: gegen das, was das Volk sein geschichtliches Leben nennt. Wenn Gott zu Jeremia sagt: »Ich will dich ... zur ehernen Mauer machen im ganzen Lande« (Jer 1,18), so heißt das im Klartext, daß der Prophet nicht nur gegen die Machthaber zu stehen hat, sondern auch gegen das Volk selbst. Der Prophet ist der Mann, der nicht nur gegen die eigenen natürlichen Instinkte, die ihn an die Gemeinschaft binden, handeln muß, sondern sich auch gegen das So-weiter-leben-Wollen des Volkes zu stellen hat, weil er keine irdische Erfüllung gutheißen darf, die nicht das Reich Gottes auf Erden seiner Verwirklichung näherbringt.

Die unvermeidlichen Leidenserfahrungen des ewig-kritischen Propheten, der wegen seiner Botschaft von den Machthabern und vom Volk als dessen Feind behandelt wird, sammeln sich dann im Bild des Knechtes Gottes, seines Leidens und Sterbens um der Herrschaft Gottes willen – ein Bild des erkorenen Werkzeuges Gottes, der »seinen Mund wie ein scharfes Schwert« und ihn selbst »zum spitzen Pfeil gemacht hat«, um ihn »in Seinem Köcher« zu verwahren. (Jes 49,2)

Die prophetische Auslegung

Und so kam es zur prophetischen Deutung, die in diesem anonymen Leidensknecht einen der großen Künder in Israel sehen will – wobei Jeremia und Ezechiel den Vorzug haben. Denn jeder einzelne der gottberufenen Mahner mußte ja sowohl leiden als auch Mißerfolg ernten und zahllose Verunglimpfungen erdulden. Ihre Botschaft war so peinlich, daß sie viele ihrer Landsleute empören mußte. Doch gerade ihrem Ruferamt war es zu verdanken, wie die besonnenere Rückschau später erwies, daß Israel immer wieder auf Gottes Wege zurückkehrte – auch wenn das Volk den Propheten anfänglich mit Schmach und Schimpf bedacht hatte.

Diese Erfahrung mag wohl auch in Vers 53,5 zur Sprache kommen: »Die Strafe lag auf ihm, auf daß wir Frieden hätten; und durch seine Wunden sind wir geheilt.«

Da Poesie und orientalische Phantasie zur dichterischen Freiheit aller Propheten in Israel gehören, mag hier »die Strafe« und »die Wunden« jene schroffe Ablehnung zum Ausdruck bringen, die Jesaja häufig erfahren mußte – und »die Heilung« könnte sich auf die moralische Gesundung beziehen, die die schließliche Befolgung seiner Scheltreden, die seiner Frohbotschaft vorangingen, mit sich brachte.

Schließlich heißt es von dem anonymen Dulder in Jes 53, daß er, trotz aller Pein und Qual, *nicht* gestorben sei, sondern, ganz im Gegenteil, ein hohes Alter erreichen konnte und mit Nachwuchs gesegnet ward. Das zumindest ist die wörtliche Aussage von Jes 53,10, wo es heißt: »Er wird Nachkommen haben und lange leben – und Des Herrn Plan wird durch seine Hand gelingen.« – Ein Satz, der bis heute im rabbinischen Judentum als Geburtstagswunsch in Form eines Kürzels Verwendung findet.

Daß dieser Gottesknecht als eine Selbstbezeichnung Jesajas gelten konnte – schon zu Lebzeiten Jesu –, lernen wir auch aus dem 8. Kapitel der Apostelgeschichte. Dort liest der Kämmerer der Königin von Äthiopien, auf dem Heimweg von einer Pilgerfahrt nach Jerusalem, eben dieses vielsagende Kapitel des Jesaja. Es handelt sich allem Anschein nach um eine Halbproselyten, denn seine Lektüre bezeugt eine weitgehende Vertrautheit mit der hebräischen Bibel, die er alsbald auch beweisen kann. Sobald er die Beschreibung jener Leiden gelesen hat (Jes 53,7–8), stellt er dem Apostel Philippus die bedeutsame Frage: »Von wem sagt dies der Prophet? Von sich selbst oder von jemand anderem?« (Apg 8,34) Das Nächstliegende war also für ihn, wie für viele jüdische Leser, die autobiographische Deutung, nach der Jesaja seinen eigenen Leidensweg beklagt – nur um den Sieg seiner Botschaft und der Sache Gottes, die er vertritt, mit Nachdruck zu Anfang und zu Ende des Hymnus zu verkündigen. Doch der Äthiopier erwähnt wohlweislich als zweite Möglichkeit »einen anderen« – auch das in Übereinstimmung mit der Vielzahl der rabbinischen Schriftauslegungen.

Wer mag nun dieser andere sein?

Die historische Auslegung

Neben der autobiographischen und der prophetischen Deutung kennt die jüdische Überlieferung auch die sogenannte historische Auslegung, die diesen Text mit einer maßgebenden Person aus Israels Vergangenheit identifiziert. Neben Mose, dessen Leiden in keinem Verhältnis zu seiner Gerechtigkeit stehen, wird auch einige Male Rabbi Akiba erwähnt, der den Märtyrertod von Römerhand für die Heiligung des Gottesnamens auf sich nahm. Doch die meisten historischen Deutungen konzentrieren sich auf gekrönte Häupter in Israel, die in der Volksfrömmigkeit zu Mittlergestalten zwischen Gott und den Hebräern erhoben wurden.

So zum Beispiel wird häufig der König Usia genannt, dessen Leprakrankheit ihn zum »Aussätzigen« machte – was damals als Gottverlassenheit angesehen wurde, um so mehr, als »die Krankheit«, von der Vers 53,10 spricht, im rabbinischen Sprachgebrauch als Aussatz galt. Ebenso relevant mag die Tatsache sein, daß Usias Tod ein Ereignis von solch emotionaler Tragweite war (II Chr 26,22), daß es als Antrieb zu Jesajas Berufungsvision verstanden wurde (Jes 6,1.5–8).
Zu demselben Traditionsstrang gehört auch König Chiskia, von dem es heißt, er sei »todkrank« (II Kö 20,1) gewesen, ehe Jesaja ihm nach Gottes Ratschluß zur Genesung verhalf (II Kö 20,4–11). Letztlich galt auch Jojakim, der letzte Herrscher in Juda, als der leidende Gottesknecht, da er von Nebukadnezar in die Gefangenschaft getrieben wurde (II Kö 24,10–14), später als Rebell einem Attentat zum Opfer fiel (II Kö 24,6) und zuletzt »wie ein Esel begraben wurde, fortgeschleift und hinausgeworfen vor die Tore von Jerusalem«, wie Jeremia (22,18–19) von ihm berichtet.

Die messianische Auslegung

Allen drei Gestalten gemeinsam ist ihr Königtum, ihr Schmerzenslos – und nicht zuletzt: ihre davidische Abstammung, was unüberhörbar messianische Töne anklingen läßt. Um so mehr, als der Messiastitel ja ursprünglich zu der Würde aller Könige in Israel gehörte. Denn ein Volk, das Mission und Passion, Leiden und Erzählung so oft als so eng verwandt erfahren hatte, konnte schon zu Makkabäerzeiten sagen:
»Wen Gott liebt, den läßt Er leiden. Und hat dennoch Wohlgefallen an ihm wie ein Vater am Sohn.« (Vgl. Spr 3,11 f.)

Von dieser Erkenntnis bis hin zur Verknüpfung von Leiden, Martertod und Messianität war für so manchen frommen Juden nur ein kurzer Gedankenschritt.
Fest steht, daß im Judentum der messianische Gedanke in engster Verbindung mit der Apokalyptik entstand, wobei das Element des Grauens und des Trostes innig ineinander verschlungen sind. Der jüdische Messianismus kam ja zur Welt als eine Katastrophentheologie, die Untergangsvisionen, die Geburtswehen des Erlösers und den neuen Äon des Heils als eine nathlose Zeitenfolge erwartete.
Doch bis vor kurzem genoß die These von Gustaf Dalman (1888) allgemeine Geltung, der gemäß das Judentum bis zum dritten nachchristlichen Jahrhundert nichts von einer messianischen Deutung von Jes 53 – und mithin auch nichts von einem leidenden Messias gewußt habe. Dalman wollte durch seine Behauptung die Einzigartigkeit Jesu sicherstellen, der als erster den verlorengegangenen Ursinn von Jes 53 wiederentdeckt habe. Die Wirkung dieser These hatte jedoch das gegenteilige Ergebnis: Kannte das Frühjudentum den leidenden Messias nicht, so folgerte man, dann lag das Leiden auch außerhalb des Gesichtskreises Jesu – und dann konnten die Leidenaussagen der Evangelisten nichts anderes als die spätere »Dogmatik der Urgemeinde« sein.
Inzwischen aber ist es klargeworden, daß Dalman das Äthiopische Henoch-Buch übersehen hat, dessen Bilderreden (Kap 37–71) bezeugen, daß man schon im vorchristlichen Judentum Dan 7 und Jes 53, den Menschensohn und den Gottesknecht als endzeitliches Junktim ausgelegt hat; daß das palästinensische Judentum – ungleich dem hellenistischen – Jes 42,1ff. und Jes 52,13ff. seit Makkabäerzeiten messianisch gedeutet hat; und daß in frühchristlicher Zeit vor allem die Schule des Rabbi Akiba (zirka 50–130) die Messianität des Leidensknechtes betonte.

Obgleich in der späteren Mischna und in der frührabbinischen Literatur nirgendwo angedeutet wird, daß der Erlöser Heimsuchungen zu

erdulden habe, darf diese Anschauung, die erst im späteren Schrifttum wieder auftaucht, als sehr alt bezeichnet werden. Aus dem Talmud (Sanh 98b) geht hervor, daß man bereits im Kreise der Jünger des Rabbis, des Redaktors der Mischna, Jes 53 auf den Messias bezog, den man, im Hinblick auf Jes 53,4, »den Siechen« oder »den Aussätzigen« nannte; ebenso wird von Rabbi Jehoschua ben Levi erzählt, er habe den Messias besucht, der vor den Toren der Stadt Rom unter hungrigen, mit Schwären belasteten Bettlern saß und seine Wunden verband. Sinnverwandt ist die Lehre des Rabbi Alexandrai, der zur selben Zeit lehrte, daß »Gott den Messias mit Geboten und Leiden belastete wie mit Mühlsteinen«. (zu Jes 11,3)
»In drei Teile sind die von Gott für Israel bestimmten Heimsuchungen geteilt worden«, so heißt es in einer Auslegung von Ps 2,7: »Einer fiel auf die Stammväter ... ein zweiter auf das Geschlecht der hadrianischen Verfolgungen, und ein dritter fällt einst dem Gesalbten König zu. Dieses ist's, was geschrieben steht: ›Aber er ist um unserer Missetaten willen verwundet; zermalmt um unserer Sünden willen.‹« (Jes 53,5)
»Demütig und reitend auf einem Esel – das ist der Messias.« So heißt es in einer uralten Deutung von Sach 9,9. »Und warum ist er demütig? Weil er alle jene Jahre im Gefängnis Qualen erlitten hat und die Frevler Israels ihn verspotteten.« (Psikta Rabbati, Abschnitt 34)
In einer Schrift aus dem mittelalterlichen Spanien schreibt Rabbi Machir: »Als Gott die Welt erschuf, streckte Er Seine Hand unter den Thron Der Herrlichkeit und holte die Seele des Messias hervor. Er sprach zu ihm: Willst du erschaffen werden und Meine Kinder nach 6000 Jahren erlösen? Da antwortete der Messias: Ja, das will ich! Darauf sagte ihm Der Herr: Dann mußt du aber Leiden erdulden, um ihre Sünden zu tilgen – wie geschrieben steht: ›Jedoch unsere Krankheiten trug er; und unsere Schmerzen nahm er auf sich.‹ (Jes 53,4) Der Messias antwortete: Ich werde sie mit Freuden ertragen.« (Avkat-Rochel)
In einer ungedruckten Schrift »Bereschit Rabbati«, die uns Rabbi Mosche-Hadarschan aus dem Narbonne des 11. Jahrhunderts hinterlassen hat, schildert Gott die dem Messias bevorstehenden Qualen in erschütternden Einzelheiten – immer mit Berufung auf Jes 53 –, worauf der letztere antwortet: »Herr der Welt, ich freue mich darüber und nehme diese Leiden willig an – unter der Bedingung, daß Du die Toten in meinen Tagen zum Leben erweckst, und zwar alle Toten, die

seit den Tagen Adams verstorben sind.« Sobald Gott zustimmte, heißt es: »Sogleich nahm der Messias alle Leiden aus Liebe auf sich, wie es heißt: ›Drangsaal traf ihn und er trug's ergeben.‹« (Jes 53,7)
Bemerkenswert ist auch eine sinnverwandte Stelle im Sohar – dem Grundbuch der Kabbalistischen Geheimlehre. Sie lautet:
»Im Garten Eden gibt es einen Raum, der die Halle der Siechen heißt. In diese begibt sich nun der Messias und ruft alle Krankheiten und Leiden Israels herbei, daß sie über ihn kämen. Und so kommen sie alle denn über ihn. Und wenn er den Kindern Israels nicht Erleichterung schaffte und ihre Sündenlast auf sich nähme, so gäbe es keinen Menschen, der die Züchtigungen Israels ertragen könnte, die ihm zur Strafe für die Mißachtung der Thora auferlegt sind. Dies ist's, was geschrieben steht: Fürwahr, unsere Krankheit hat er getragen, und unsere Schmerzen hat er gelitten.‹« (Jes 53,4) (Sohar II, Fol 212a)
Es mag eben diese Leidensgestalt gewesen sein, die später zur Tradition des Messias Ben Joseph führte, welcher als »Kriegsgesalbter« in Galiläa erwartet wurde, um von dort die Scharen, die sich um ihn sammeln, nach Jerusalem zu führen, wo er im Kampf um das Himmelreich seinen heidnischen Feinden erliegt. Ihm soll der davidische Messias folgen, der siegt und die Gottesherrschaft herbeiführt. Eine Zwei-Messias-Lehre, die uns in einer anderen Fassung auch aus den Schriftrollen der Sekte von Qumran bekannt ist.
Ob dieser sterbende Messias, der, wie Jesus, ein Sohn Josephs ist, auf den gekreuzigten Christus der Kirche zurückgeht oder ob sein historisches Vorbild im verunglückten Aufstand des vermeintlichen Messias Bar Kochba zu suchen ist, bleibt bis heute umstritten.

Unumstritten bleibt die Annahme, daß schon die vorchristliche Tradition den großen Dulder messianisiert hat, um in seinen freiwilligen Qualen die Vorstufe zur Erlösung zu erahnen. Denn all diese und so manche ähnliche Stellen in der rabbinischen Literatur scheinen auf eine uralte Überlieferung zurückzugreifen, zu deren frühesten Spuren der sogenannte Targum Pseudo-Jonathan gehört, der auf aramäisch den Gottesknecht sowohl in Jes 53 – als auch in Jes 42,1 ausdrücklich »den Messias« nennt. Dieselbe Stelle, die in Mt 12,18 als messianischer Beweistext auf Jesus gedeutet wird.
Wie dieser aramäische Text, den Paulus sicherlich aus Jerusa-

lem kannte, auch in die neutestamentliche Heilslehre aufgenommen wurde, soll ein Beispiel beleuchten, das keineswegs alleine steht.

In Jesu Muttersprache kann die freie aramäische Fassung von Jes 53,5 mit »er wurde für unsere Sünden überliefert« wiedergegeben werden – was genau der Aussage von Röm 4,25 entspricht: »Er ist um unserer Sünden willen übergeben worden.« Sie kann aber auch bedeuten: »Er übergab sich um unserer Sünden willen« – was wiederum der Schlüsselstelle in Gal 1,4 gerecht wird. Ja, es scheint auch glaubwürdig, daß das älteste Bekenntnis der Urgemeinde in Jerusalem sich eben dieser Stelle verdankt: »Christus ist für unsere Sünden gestorben nach der Schrift« (I Kor 15,3) – was ebenso für I Petr 3,18 gelten könnte, wo es heißt: »Ist doch auch Christus einmal um eurer Sünden willen gestorben – ein Gerechter für Ungerechte«, eine Aussage, die auch I Jo 2,2 steht: »Und er ist die Sühnung für unsere Sünden.«

Zu Gal 1,4, wo es heißt: »Christus hat sich selbst für unsere Sünden dahingegeben«, ist noch hinzuzufügen, daß um die Zeitenwende Jes 53 häufig im Zusammenhang mit Gen 22 ausgelegt wurde; wobei man hervorzuheben pflegte, daß Isaak bereit war, sich opfern zu lassen – ein selbstloser Gehorsam, der den Stammvater Israels schon im vorchristlichen Jubiläenbuch – um 105 vor der Zeitrechnung – zum Vorbild aller Blutzeugen gemacht hat.

Nicht weniger bedeutsam ist es, daß im selben Buch die Fastopferung Isaaks auf den 15. Tag des Monats Nisan datiert und auf den Tempelberg geortet wurde – womit diese Glaubensprüfung zum Passahurereignis vorausgedeutet wird, eine Interpretation, die durch den blutigen Vollzug der Aufopferung (im aramäischen Targum) noch bestärkt wird. So ist im Targum (Neophiti zu Gen 22) von Isaak als dem Lamm die Rede, das Gott Sich erkoren hat – als Brandopfer zur Entsühnung Israels. Wenn später von der Asche Isaaks und gleich darauf vom vergossenen Blut des Gottesknechtes die Rede ist, wird verständlich, daß beide als Prototypen der »passio judaica«

ausgelegt wurden, deren heldenhafte Selbsthingabe Gott zur Sündenvergebung für ganz Israel bewegen konnte.
Hinzuzufügen ist noch, daß beiden Opfertaten erlösende Sühnekraft zuerkannt wurde, die in der Rückschau als ehemals wirksam erkannt wurde und deren Wirkung als gegenwärtige Gnade erfleht und als zukünftige Fürsprache vor Gott beim Jüngsten Gericht erhofft wurde – dieselbe zeitliche Dreidimensionalität, die dem jüdischen Passahopfer und später auch der Eucharistie zugeschrieben worden sind. Ein gerechter Gottesmann, ein makelloses Lamm und ein selbstloses Entsühnungsopfer – so mußte Jesus in der Rückschau nach dem Ostererlebnis für seine Jüngerschar erscheinen – wobei der einzige Bibeltext, der allen drei Vorstellungen gerecht werden kann, nur in Jes 53 zu finden ist. Kein Wunder also, daß alle Dahingabestellen mit dem Ausdruck »für unsere Sünden« in den vier Evangelien, daß die Sühnepassagen, die Abendmahlworte und die 28 Lammerwähnungen in der Offenbarung des Johannes samt und sonders wie eine Blütenlese von Stichwortgruppen aus den prophetischen Liedern vom leidenden Gottesknecht klingen.
Ob Jesus selbst sich als der leidende Gottesknecht verstanden und in diesem Sinne seine Leiden vorausgesagt habe, ist heute wohl kaum noch zu erhellen. Sicher ist, daß eine grundlegende Analogie der beiden Leidenswege nicht zu leugnen ist und daß auf keinen anderen Text aus der hebräischen Bibel im Neuen Testament so oft und so nachdrücklich angespielt wird, um die Heilsbedeutung der Passion Jesu biblisch zu belegen.
In den Evangelien und den Paulusbriefen wird die Mehrzahl der 15 Verse des 4. Hymnus Jesajas entweder zitiert oder paraphrasiert – wobei es sich teilweise um den hebräischen Urtext, um die griechische Übersetzung der Septuaginta oder um eine der drei hauptsächlichen aramäischen Versionen handelt.
So z. B. zitiert der Evangelist Johannes (12,38) den Anfangsvers wortwörtlich: »Wer hat unserer Botschaft geglaubt, und wem wurde der Arm Des Herrn offenbart?« (Jes 53,1), während Paulus die erste Vershälfte ebenso wörtlich bringt (Röm

10,16). Jes 53,3 hallt wider in Mk 9,12 und in Mt 27,30–31. Jes 53,4 wird in Mt 8,17 wörtlich als »Erfüllungszitat« gebracht, während Jes 53,5 gedanklich in I Petr. 2,24 aufgenommen wurde.
Der nächste Jesajavers (53,6) kommt im hierauf folgenden Vers des I. Petrusbriefes (2,25) zum Ausdruck, dient aber auch als Vorzeichen der Stellvertretung (»Der Herr lud auf ihn die Schuld von uns allen«) in allen Versionen der Barabbasperikope; Der eine, der vom Mord und Aufruhr kommt, geht in die Freiheit, während der Gerechte, an seiner Statt, dem Tode überliefert wird. Jes 53,7 ist der Hintergrund für Mk 14,65 und wird in Apg 8,32–33 wörtlich zitiert. Jes 53,8 ist das Leitmotiv von Mt 27,11–28 und Lukas 23,1–25. Jes 53,9 klingt in seiner Gänze, oder in Teilen, in Mt 27,38; Mt 27,57–60; I Petr 2,22 und in I Joh 3,5 an.
Jes 53,10 hat seine Analogie in Mt 20,28; ebenso wie Jes 53,11 inhaltlich in Joh 1,29; Röm 3,25; Röm 5,15–18 und in I Kor 1,30 wiederzufinden ist. Jes 53,12 entspricht nicht nur der Kreuzigung nach Mt 27,38; Mk 14,24; Mk 15,28 und Lk 23,33–34, sondern wird auch als Jesuswort in Lk 22,37 berichtet: »Er wird den Übeltätern gleichgerechnet.«
Mehr noch: Der Semitismus »die vielen« aus dem Abschluß von Jes 53 – »er hat die Sünde der vielen getragen« – im inklusiven Sinne von »Gesamtheit« bezeichnet auch den Wirkungsbereich des Kelchwortes Jesu beim letzten Abendmahl (Mk 14,24; Mt 26,28). Nicht zuletzt finden wir Schlüsselwortgruppen aus Jes 53,12 in Lk 11,21–22; Mk 10,45; Phil 2,7–8; Hebr. 9,28 und Röm 8,34.
Ausschlaggebend für das Alter des Gedankens der stellvertretenden Sühneleiden, der ja Jes 53 zugrunde liegt, ist wohl I Kor 15,3, wo Paulus die Botschaft von der Auferstehung als bereits altbekannte Tradition übermittelt, die Jesu Tod als Sühneopfer »für unsere Sünden« mit den Worten von Jes 53,5 wiedergibt.
Fügt man all diesen Passagen die Anspielungen, Einzelworte, Paraphrasen und Satzteile hinzu, die in die Passionsberichte

hineingewoben worden sind, so finden wir, daß der Leitgedanke aus Jes 53 so gut wie allen Autoren des NT zum biblischen Verständnis der Passion Jesu verholfen hat: Nicht Menschen, sondern Gott Selbst ist Der letztgültig Handelnde, so daß Jesu Bejahung seiner Kreuzigung einer Annahme des Göttlichen Ratschlusses gleichkommt, die Sühne für andere und Erhöhung (Jes 52,13) für ihn selbst erwirkt.

Da aber das griechische Wort »pais«, mit dem die Septuaginta das hebräische »äwäd« (Knecht) übersetzt, auf griechisch sowohl »Knecht« als auch »Sohn« bezeichnen kann, besteht eine sprachliche Brücke zwischen dem »gehorsamen Knecht« (Phil 2,7–8) und dem »geliebten Sohn« (Mk 1,9).

So könnte hinter den Worten des Hohepriesters: »Bist du Christus, der Sohn Des Hochgelobten?« (Mk 14,61) die Frage nach dem erwählten »Gottesknecht« stecken, was den Sinn der Fragestellung in ihrem jüdischen Sitz im Leben viel plausibler macht.

Fest steht, daß die älteste Überlieferungsschicht wiederholt von Jesus als »dem Knecht Gottes« (Apg 3,13), »Seinem (Gottes) Knecht« (Apg 3,26) und »Dein heiliger Knecht« (Apg 4,27 und 4,30) spricht.

Wie zentral die Vorstellung vom leidenden Gottesknecht für die früheste Christologie war, bestätigt auch das Ende der Perikope vom Äthiopier in der Apostelgeschichte, wo es nach einem wörtlichen Zitat aus Jes 53,7–8 und der Frage, von wem der Prophet wohl spreche, heißt:

»Da öffnete Philippus seinen Mund und verkündete ihm die frohe Botschaft von Jesus, wobei er von dieser Schriftstelle ausging.« (Apg 8,35)

Für einen Juden ist es nicht schwer, sich in die Lage jener Jüngerschar zu versetzen, die sich nach Golgotha und unsäglicher Verzweiflung zu einer trostspendenden Deutung des leidenden Gottesknechtes durchzuringen vermochte. Und so gelang es ihnen, ihr eigenes Jesuserlebnis prophetisch zu durchleuchten, so daß nun der Opfertod des Meisters, die Entsühnung Israels und die so sehnlich erhoffte Erlösung zu einer gewaltigen

Gotteserfahrung zusammenschmolz. Eine Gotteserfahrung, die ihnen dazu verhalf, den Tod als Übergang, das Kreuz als Prüfstein und die Auferstehung als Angeld auf das ewige Leben auszulegen.

Der Gottesknecht leidet nicht!

Neben der autobiographischen, der prophetischen, der historischen und der christologischen Deutung gibt es aber noch eine fünfte Interpretation, die bereits in einer altaramäischer Fassung verwurzelt ist. Dort wird der Gottesknecht zwar eindeutig als Messias dargestellt, der Israel von der Fremdherrschaft befreit und für Israel betet, um die Vergebung seiner Sünden zu erwirken; er selbst aber leidet nicht. Mehr noch: Alle Leidensaussagen werden konsequent mit Hilfe einer gewaltsamen Paraphrase dem Messias abgesprochen und auf das Volk Israel umgedeutet. Diese systematische Beseitigung aller Messiasleiden – im offenkundigen Widerspruch zum hebräischen Urtext – hat nur eine einleuchtende Erklärung: Es geschah aus polemischen Gründen, angesichts der Christologen der Frühkirche, die Jes 53 zu ihrem entscheidenden Schriftbeweis machte, um Jesu Sühnetod alttestamentlich zu untermauern. In Fortlauf dieses Kampfes um die Schrift kam es letztlich zur Entfernung von Jes 53 aus dem Zyklus der synagogalen Lesungen, obzwar gerade dieses Kapitel bis weit ins 2. Jahrhundert hinein zu den beliebtesten Prophetenperikopen gehört hatte.

Vom 3. Jahrhundert an hören wir nur von Israel als Volksganzem, dessen trauriges Schicksal in der christlichen Diaspora immer mehr an die Peinigungen des Gottesknechtes erinnerte.

Bemerkenswert ist hier die Interpretation Raschis, des größten Exegeten des jüdischen Mittelalters: Vom Beginn des Schriftabschnittes »Siehe, Meinem Knecht wird es gelingen« (Jes 52,13) bis zum Schlußvers des 53. Kapitel ist hier das gesamte

Gottesvolk gemeint, dessen Leiden prädestiniert sind, zum »Erfolg« zu führen – womit die Erlösung der ganzen Menschheit angedeutet wird. Denn keine der »Leuchten Israels« konnte sich je eine Erlösung vorstellen, die nur auf Israel allein beschränkt bleiben sollte.
Da aber das konkrete Israel sündhaft ist, während Jesajas Knecht als schuldlos und sündenfrei geschildert wird, spaltet sich diese kollektive Deutung in drei Varianten, von denen eine ein künftiges Ideal-Israel, eine zweite den heiligen Rest als die moralische Elite Israels und die letzte Ganz-Israel als kollektive Heilsgröße und unzertrennliche Schicksalsgemeinschaft anerkannte: das gesamte Gottesvolk, das als leidender Gottesknecht durch seine unverdienten Drangsale die sündige Menschheit vor Gott entsühnt.
In diesem Sinn verbindet zum Beispiel Rabbi Samson Raphael Hirsch, der Gründer der Neo-orthodoxie im Frankfurt des 19. Jahrhunderts, Israels Passion mit seiner Mission unter den Völkern, zu deren Dienst Israel berufen wurde. Israels Exilgeschichte manifestiert nicht nur die Lehre der Gewaltlosigkeit und die Absurdität jeglicher Machtentfaltung – so meint Rabbi Hirsch –, sein Leidensschicksal ist auch Zeugnis einer Offenbarung, welche die Völker zur Huldigung Gottes führen wird. So bedeutet das 53. Kapitel Jes nach Hirsch ein Bekenntnis der Völker zum Leidensgeschick Israels und das Eingeständnis ihrer eigenen Schuld, das zur Sinngebung des Leides fortschreitet, es als ein Mittel zum eigenen Heil erfaßt und die Erlösung der Menschheit durch die Gemeinschaft mit Israel erstrebt.
Soweit der geraffte Überblick über die Palette jüdischer Deutungen von Jesaja 53.
Allen fünf Deutungen gemeinsam ist der urjüdische Gedanke der stellvertretenden Sühneleiden, der in allen Katastrophen Israels, von den zwei Tempelzerstörungen über die Kreuzzugsgemetzel bis in die Gaskammern von Auschwitz die einzig taugliche Antwort auf das ewige Rätsel der Theodizee zu sein scheint. Denn nur in einer Universalisierung dieser Leiden,

die die Unschuldigen für die Sünder auf sich nehmen, kann man dem Leid auf Erden einen theologischen Sinn abgewinnen.
Im Selbstverständnis der Kirche enthüllen die Lieder vom Gottesknecht das Antlitz des Schmerzensmannes unter der Dornenkrone. Im Selbstverständnis Israels zeigen diese Lieder das durch Leiden geadelte Volk, das immer wieder »verachtet und verlassen ... wie ein Lamm zur Schlachtbank geführt wird« – unter den Griechen des Antiochus Epiphanes, unter den Legionen des Kaisers Titus, in den Pogromen des Mittelalters und im Massengolgotha unserer Tage, wie der Papst unlängst den Völkermord von Auschwitz nannte.
»Wer Jesus Christus begegnet, begegnet dem Judentum.« So lautet der vielsagende Anfangssatz der jüngsten Erklärung der deutschen Bischöfe zum »Verhältnis der Kirche zum Judentum«. (28. April 1980) Worte, die sich auch der Papst zu eigen machte, als er in Mainz am 17. November 1980 eine jüdische Delegation ansprach.
Daß diese Verbundenheit nicht nur die Abstammung und die irdische Volkszugehörigkeit des Nazareners betrifft, sondern sich auch auf die Passion erstreckt, hat der jüdische Maler Marc Chagall in 31 seiner Kreuzigungen festgehalten und verewigt.
Der da am Holze hängt, mit dem jüdischen Gebetsmantel als Lendenschurz, neben einer entweihten Thorarolle, umgeben von einer Schar seiner gequälten und geschundenen jüdischen Leidensgefährten, ist Jesus von Nazareth – als die Inkarnation von ganz Israel.
Es bedurfte eines jüdischen Dichters, der selbst die Leiden seines Volkes mitzutragen hatte, um ihnen den letzten Sinn zu geben. In seinem Drama »Jakobs Traum« läßt Richard Beer Hoffmann den Stammvater Jakob in der Stunde der Erwählung vom Hiobschicksal seiner Nachfahren sagen:
»Herr! Was Dein Wille mir auch auferlege,
wie Krone will ich's tragen – nicht wie Joch!«
Worauf die Stimme des Weltenherrn die künftigen Leiden Is-

raels als Liebesdienst an der Völkerwelt begründet, um mit den Worten zu schließen:
»Ich will ja nur, Mein Sohn, Mich dir so tief verschulden
daß Ich – zur Sühne – dich erhören vor allen darf.«
Sind das nicht Worte, die auch auf Jesus angewandt worden sind?
Letzten Endes schließen sich die beiden hauptsächlichen Deutungen – die christologische und die kollektive – keineswegs aus: Weder aus der Immanenz des Textes noch aus der Existenz der Deutenden. Über alle Barrieren der Geschichte hinweg bleibt Jesaja 53 die zeitlose Antwort auf die Urfrage aller gläubigen Menschen: Warum leidet der Gerechte? Und der Prophet verkündet: Nicht *warum* er leidet, sollt ihr fragen, sondern *wozu* er dulden muß. Darauf aber lautet die inspirierte Antwort des Jesaja: Sein Leiden ist nicht sinnlos, noch sein Tod das Ende – auch wenn es euer Menschensinn nicht zu erfassen vermag.
Es ist diese Glaubenswahrheit, die alle Deutungen vom großen Dulder zu versöhnen vermag, denn was hier offenbart wird, gilt sowohl für den Mann aus Nazareth als auch für sein Volk, die beide in der Bibel wiederholt als »Söhne Gottes« und als »Gottesknechte« bezeichnet werden.

In den vorstehenden Ausführungen finden sich verschiedentlich Abkürzungen rabbinischer Schriften, die im *Talmud*, der Sammlung von Lehren, Vorschriften und Überlieferungen des nachbiblischen Judentums, zusammengefaßt sind (im 5. Jahrhundert nach Chr. abgeschlossen). Es gibt einen babylonischen und einen Jerusalemer Talmud – auf den babylonischen verweist das vorangestellte »b«, auf den Jerusalemer Talmud das vorangesetzte »j« oder »p« (palästinisch).

Abot	=	Talmudtraktat Abot (Sprüche der Väter)
Arachin	=	Talmudtraktat Arachin (Schätzungen)
AZ	=	Talmudtraktat Aboda Zara (Götzendienst)
Baba Mezia	=	Talmudtraktat (die »Mittlere Pforte«)
Berachot	=	das Talmudtraktat selbigen Namens (Segenssprüche)
Erub	=	Das Talmudtraktat Erubin (Vermischungen)
Gittin	=	Talmudtraktat Scheidungen
NuR	=	Numeri Rabba: Exegetische Kommentarsammlung zum IV. Buch Moses
Sanh	=	Talmudtraktat Sanhedrin (Gerichtshof)
Siddur	=	wörtlich »Ordnung« – das Gebetbuch für alle Tage
Sota	=	ein Talmudtraktat (»die des Ehebruchs Verdächtigte«)
Tanch	=	Tanchuma: Bekannte Homiliensammlung zum Pentateuch, die Rabbi Tanchum (oder: Tanchuma) Bar Abba, einem Talmudmeister des IV. Jahrhunderts, zugeschrieben wird.
ARN	=	Abot des Rabbi Natan, ein außerkanonisches Traktat, das dem Traktat Abot (Sprüche der Väter) im babylonischen Talmud beigegeben wurde.

Jalkut	=	ein mittelalterliches Sammelwerk rabbinischer Auslegungen zur gesamten Hebräischen Bibel.
Haggada, Aggada	=	Sammelbezeichnung für alle nicht religions- oder zivilgesetzlichen (halachischen) Elemente im Talmud, also Schrifterklärung, Katechese, Theologie und Folklore.

Halacha	=	wörtlich: »Schritt« oder »Gang«. Das Gesamt der bindenden Rechtstraditionen des gläubigen Judentums.
halachisch	=	religionsgesetzlich
Mechilta	=	Rabbinische Auslegung zum Buche Exodus, die dem Rabbi Simeon Ben Jochai (II. Jahrhundert) zugeschrieben wird.
Midrasch	=	Rabbinische Auslegungsweisen der Schrift
Mischna	=	wörtlich »Wiederholung«. Erste Systematisierung der mündlichen Lehre, in der sie Rabbi Jehuda, der Fürst, um 200 n. Chr. geordnet hat. Diese Sammlung ist der Urbestand des Talmud und umfaßt 6 »Ordnungen«, die in 63 Traktate untergeteilt sind. An die Mischna gliedert sich die Weiterführende »Gemara« an. Beide zusammen bilden den Talmud.
Techum	=	die talmudische Begrenzung von sabbatlichen Ausgängen und Reisen auf 2000 Ellen außerhalb des »Sabbatgebietes«, das im allgemeinen auf den Bereich einer Stadt oder eines Dorfes beschränkt ist.